Alain Pelosato

The Strain

*avec le traité
sur les apparitions
des vampires
au cinéma et à la télé*

Et les deux nouvelles

*Espérance
Les 7 derniers jours de Bela Blasko*

Du même auteur chez Edilivre
(Y compris sous le pseudonyme de Pierre Dagon)
Lovecraft est parmi nous (2007)
La Ville et l'industrie (2008)
Explorations (2009)
Cinéma fantastique et de SF et séries télé (2007-2010) (2010)
Le livre noir de la Mairie de Givors (2011) Sous le pseudonyme de Robert Neville
Lovecraft au cinéma (2011)
Zombies au cinéma (2011)
Vampires au cinéma (2011)
Nature fantastique au cinéma (2012)
Le Gothique au cinéma (2012)
Un siècle de cinéma fantastique et de SF la suite (2015)
Fantastique et science-fiction (…) Explorations (2015)
Stargate et X-Files le guide (2016)

Chez d'autres éditeurs
Livre blanc de la pollution du Rhône (Col.) – MNLE 1982
Au fil du Rhône, histoires d'écologie – Messidor 1992
Le Rhône fleuve lumière – Ouest France 1994
Voies de la déportation – Naturellement 1995
Le Rhône – PUF « Que sais-je ? « 1996
Écologie et progrès (Dir.) – Naturellement 1997
Le Rhône et ses crues (Dir.) – Naturellement 1997
Écologie et civilisation (Dir.) – Naturellement 1998
Le cinéma fantastique – Naturellement 1998
Fantastique, des auteurs et des thèmes – Naturellement 1998
Le cinéma fantastique de l'année 1998 – Naturellement 1999
Fantastique et science-fiction au cinéma – Naturellement 1999
Algériens, la France et l'Algérie – Naturellement 2000
Le cinéma fantastique (2000 – 2001) – Naturellement 2002
L'effet Vénus – Eons 2005
Un siècle de cinéma fantastique et de SF – Le Manuscrit 2005
Le cinéma fantastique et de SF en 2005 – Le Manuscrit 2006
Le cinéma fantastique et de SF en 2006 – Le Manuscrit 2007
Le Chant de la meuille – Le Manuscrit (nouvelles fantastiques) 2006
Militer – Le Manuscrit 2005
La Terre et son climat – Le Manuscrit 2006
Vorgines, ses et témoins du fleuve – Naturellement 1993
La compagnie des clones – Naturellement 1997
Ruines – Naturellement 1998
Fleur de soufre – Naturellement 2000
L'appareil suivi de la nouvelle « Le Spectre » – Naturellement 2000
Le Chant de la meuille – Naturellement 2002

Stargate le guide – CreateSpace – 2016
X-files le guide – CreateSpace - 2016
Séries TV Fantastique, SF, policier – CreateSpace – 2016
Aux frontières du réel le guide – CreateSpace – 2016
Stargate le guide – CreateSpace – 2016
Cinéma fantastique et de SF Essais et données… 1895-2015 – sfm éditions – 2016
Terreur végétale – sfm éditions – 2016
Yuggoth et Titan – sfm éditions – 2016

Films

En collaboration avec Paul Carpita
Vallée du Rhône la colère PROFILIM 1978
Le Rhône la mer danger pollution PROFILIM 1988
Vivre à Givors PROFILIM 1989

La série "**Sfmag présente**" est basée sur les personnages de "Ruines" et "Fleur de soufre"
Titres publiés : "Les 12 filles de Lilith" par Pierre Dagon (2001), "Le dragon de Niort" par Guillaume Darnaud (2002), "Le Dernier gardien" par Alban Nox (2002), "Cypris" par Christian Cogné (2002)
et "Lovecraft à Espérance"(2003), "Les Âges sombres" (2004), "l'Alchimiste" (2005) par Pierre Dagon
Plusieurs de ces ouvrages ont été ensuite réédités en autoédition sur Amazon, Chapitre et Kobo. ainsi que des extraits d'autres ouvrages pour le traitement de thèmes particuliers.

Pour connaître toutes les œuvres de l'auteur voir sur son site : www.alainpelosato.com

© Alain Pelosato
sfm éditions
1 place Henri Barbusse 69700 Givors
ISBN 9782915512052

The Strain

La série TV

Déjà en 2006, *The Strain* était un projet de série télévisée qui a eu du mal à démarrer.

Devant la difficulté, Guillermo del Toro et Chuck Hogan ont publié une série de trois romans : **La Lignée** (2009), **La Chute** (2010) et **La Nuit éternelle** (2011), (Presses de la cité).

La série télévisée n'a vu le jour qu'en 2014, créée par Guillermo del Toro et Chuck Hogan. Elle est produite par la chaîne américaine FX (FXproduction).

Parmi les nombreux réalisateurs, Guillermo del Toro participe à la tâche… Guillermo del Toro et Chuck Hogan sont producteurs délégués avec quelques autres.

Guillermo del Toro annonce la réalisation de cinq saisons. Je traiterai dans cet ouvrage les trois premières saisons, qui sont parues à la date de publication de ce livre…

GUILLERMO DEL TORO
LA LIGNÉE
CHUCK HOGAN

Presses de la Cité

Les personnages

New York est le personnage principal de cette série

Docteur Ephraim Goodweather : médecin du CDC
Abraham Setrakian : vieux chasseur de vampires
Vassily Fet : dératiseur devenu chasseur de vampires
Eldritch Palmer : milliardaire retors recherchant la vie éternelle.
Thomas Eichorst : ancien officier nazi devenu vampire en chef du maître
Gabriel Bolivar : chanteur de rock devenu vampire
Kelly Goodweather : ancienne épouse d'Ephraïm
Nora Martinez : l'adjointe professionnelle d'DEphraim et sa maîtresse
Augustin « Gus » Elizalde : délinquant au service du mieux offrant
Zach Goodweather : fils des Goodweather (un enfant)
Dutch Velder : hacker devenue chasseuse de vampires
Quinlan : vampire devenu chasseur de vampires
Angel Guzman Hurtado : compagnon de route de « Gus »
Justine Feraldo : conseillère municipale de New York
Jim Kent : chef de la sécurité de l'aéroport
Etc.
Il faut noter le changement d'acteur entre la première et la deuxième saison pour le rôle de Zach.

Les vampires : les « strigoï »

Guillermo del Toro a réalisé de nombreux films fantastiques. Il se distingue par son originalité.
Dans **Blade 2** (2002), il avait déjà inventé une espèce de vampires hors normes, des vampires mangeurs de vampires !
Dans **The Strain**, il s'appuie, bien sûr, sur la tradition, mais il laisse de côté, c'est le moins qu'on puisse dire, le côté romantique du vampire.
Le physique du maître, le vampire supérieur, celui qui domine l'armée de strigoï (je n'accorde pas ce mot d'origine roumaine) à son service, est inspiré du *Nosferatu* (1922) de Murnau : il n'a pas de canines, mais ses deux incisives de devant sont proéminentes et pointues. Il n'a pas de nez, juste deux trous béants, on se demande à quoi ils servent, car on ne sait pas s'il respire.
Lui et ses strigoï sont des monstres, ils ont l'apparence de ce qu'ils sont : des monstres.
Ces monstres sont largement inspirés de la mythologie lovecraftienne. Ils ne mordent pas leur victime, mais ont une espèce de tentacule qui sort de leur bouche, long appendice au bout duquel se trouvent deux autres appendices proéminents pour saisir la partie du corps de la victime visée et un dard qui aspire le sang tout en paralysant l'être humain vampirisé.
Les auteurs de cette histoire ont voulu totalement sortir du mythe du vampire bel homme séducteur d'âge mûr, comme Murnau l'avait fait avant eux avec son

film *Nosferatu*. Ils ont créé un être monstrueux avec un mécanisme biologique assez bien décrit, ce qui fait que cette série rejoint la science-fiction.

Ainsi, le fluide corporel du maître donne la vie éternelle et les vers qu'il apporte et transmet transforment le corps humain en strigoï. De nombreuses scènes de la série montrent des expériences biologiques et donnent un vrai contenu scientifique à l'histoire.

Les auteurs ont gardé quelques manifestations habituelles du mythe vampirique : le maître marche contre les murs et résiste (mal) à la lumière du soleil, alors que ses esclaves strigoï meurent rapidement sous l'effet des ultraviolets. Sachant que ce dernier aspect n'est pas vraiment dans le canon du créateur du mythe Bram Stoker, mais s'est développé ensuite avec le film de Murnau.

Le maître repose dans un gigantesque cercueil (la créature mesure trois mètres de haut !) dans de la terre dans laquelle grouillent les vers qui transmettent sa force de transformation et sa domination aux strigoï. Cette terre d'origine du maître joue un rôle important dans sa transmutation vers un autre corps humain qu'il transforme...

Je reviens sur l'influence de l'œuvre de Lovecraft dans cette série. On sait que del Toro est fasciné par l'œuvre de Lovecraft et qu'il a toujours en chantier le projet d'adapter au cinéma le court roman de Lovecraft *Les Montagnes hallucinées* (1931). On retrouve bien la philosophie de Lovecraft dans *The Strain* : l'horreur est une horreur un point c'est tout, l'horreur est terrible, l'espèce humaine est faible face aux démons, aux monstres qui se réveillent et prennent le pouvoir sur Terre. L'espèce humaine est perdue face à un avenir incertain soumis au pouvoir de monstruosités inouïes. On retrouve dans cette série le mépris de Lovecraft pour les humains.

D'autre part, le personnage principal de cette série est New York. On sait que Lovecraft a séjourné quelques années à New York où il ne s'est jamais plu. Pour lui, New York était la ville par où arrivaient les hordes d'immigrés dégénérés. Et dans *The Strain*, c'est par l'aéroport Kennedy que l'épidémie de strigoï arrive, avec un avion qui transporte le coffre qui abrite le maître. L'histoire joue beaucoup aussi sur la relation de la ville avec l'océan qui occupe, comme on le sait, aussi un grand rôle dans l'œuvre de Lovecraft. D'autre part, le quartier général des insurgés contre l'invasion strigoï se trouve dans le quartier de Red Hook qui a fait l'objet d'une nouvelle de Lovecraft : *Horreur à Red Hook* (1925). Enfin, un des personnages principaux, Fet, est un dératiseur, ce qui renvoie à la nouvelle *Les rats dans les murs* (1923). Je pourrais citer bien d'autres références à Lovecraft dans cette série, comme sa nouvelle *La Rue* (1920). Les rats sont aussi présents dans le *Nosferatu* (1922) de Murnau et son remake de Werner Kerzog (1978) et ils amènent l'épidémie de peste. Dans la légende de Dracula (que je décris dans la deuxième partie de ce livre), et dans ces deux films, le vampire apporte l'épidémie de peste avec le navire dans lequel tous les membres d'équipage sont morts, vampirisés. Ici, dans la série *The Strain*, c'est un avion qui amène le vampire et les rats dans la terre où il se cache pendant le voyage. Juste après l'atterrissage, le maître vampirise tous les passagers qui seront les patients zéro de l'épidémie strigoï…

Dans Dracula (qui est, en fait, une histoire d'amour) et dans tous les films qui s'en sont inspirés, l'épidémie vampirique (de strigoï...) a été stoppée par la mort du maître (c'est ainsi que Renfield nomme Dracula dans le roman de Bram Stoker). Ici, dans la série, del Toro envisage le pire : l'épidémie s'étend grâce à la trahison de quelques humains (ce sont des Renfield...) et la puissance de mort et de transmission des vers que possède le maître et tous ceux ensuite qui ont été transformés en strigoï... Le thème des plus grands classiques de l'horreur est développé et surexploité : à chaque initiative des humains, l'horreur progresse, s'étend et s'accentue. Et *The Strain* va jusqu'au bout de l'imaginaire vampirique : la destruction de la civilisation, la mise en esclavage des humains transformés en nourriture, pour les vampires.

D'autres thèmes du roman de Bram Stoker et du livre-enquête du R.P. Dom Augustin Calmet (*Traité sur les apparitions des esprits et sur les vampires...* 1746) sont repris dans la série. Comme celui des proches transformés qui reviennent transformer les personnes qu'ils aiment... Les auteurs de la série ont développé ce thème avec le fils du personnage principal. Puisque j'ai cité le livre de dom Calmet, sur lequel j'apporte des précisions dans le deuxième partie de l'ouvrage, la série parle aussi d'un livre secret qui pourrait donner la solution pour la destruction du maître. Il se nomme l'*Occido Lumen*.

Les auteurs s'inspirent de bien d'autres œuvres classiques sur le vampirisme et sur le fantastique en général. Par exemple, l'origine de la chasse au vampire d'Abraham Setrakian se trouve dans le camp de concentration d'Auschwitz, en Pologne, où l'Arménien a été emprisonné et confronté au SS Eicholst qui va jouer un rôle déterminant dans le retour du maître qui s'abreuvait, là-bas, du sang des déportés. On recon-

naît le thème de Dan Simmons dans son roman *L'Échiquier du mal* (1989 publié en quatre volumes chez Denoël) et aussi d'autres traités par le même grand auteur, par exemple, dans *Les Fils des ténèbres* (1992).
Enfin, del Toro utilise aussi les ressorts des zombies : la transformation des humains en strigoï les fait ressembler à ces hordes de zombies qu'on voit dans de nombreux films et séries, zombies qui ont, eux (contrairement à la plupart des films de vampires) été jusqu'au bout de la disparition de la civilisation humaine.
Enfin, pour conclure, avant de passer la revue épisode par épisode des trois premières saisons, je dois insister sur le fait que la série de télévision ne respecte pas du tout le destin des personnages dans le livre et son exacte intrigue.
Trois exemples : le personnage de Nora Martinez meurt à la fin de la deuxième saison alors qu'elle reste bien vivante jusqu'au troisième tome du livre et, dans ce dernier, des passages décrivent la vie dans la station spatiale internationale pendant le développement sur Terre de l'épidémie strigoï, enfin, dans le deuxième tome, *La Chute*, pages 294 à 206, Setrakian meurt dans l'explosion d'une centrale nucléaire après avoir empoisonné le maître avec son sang, et ce dernier, très affaibli va se transmuter dans le corps de Gabriel Bolivar alors que la station spatiale internationale est détruite par des débris spatiaux...
L'utilisation systématique du mot *strigoï* pour désigner les vampires introduit une sensation d'étrangeté, une sensation qui fait que le danger vient de l'étranger, l'étrange étranger...

Enfin, Guillermo del Toro rend hommage aux films de série B dans les épisodes 4 et 5 de la deuxième saison, jusqu'à créer un personnage qui fut autrefois réalisateur de ce genre de film et qui deviendra ami avec Gus, le délinquant mexicain…

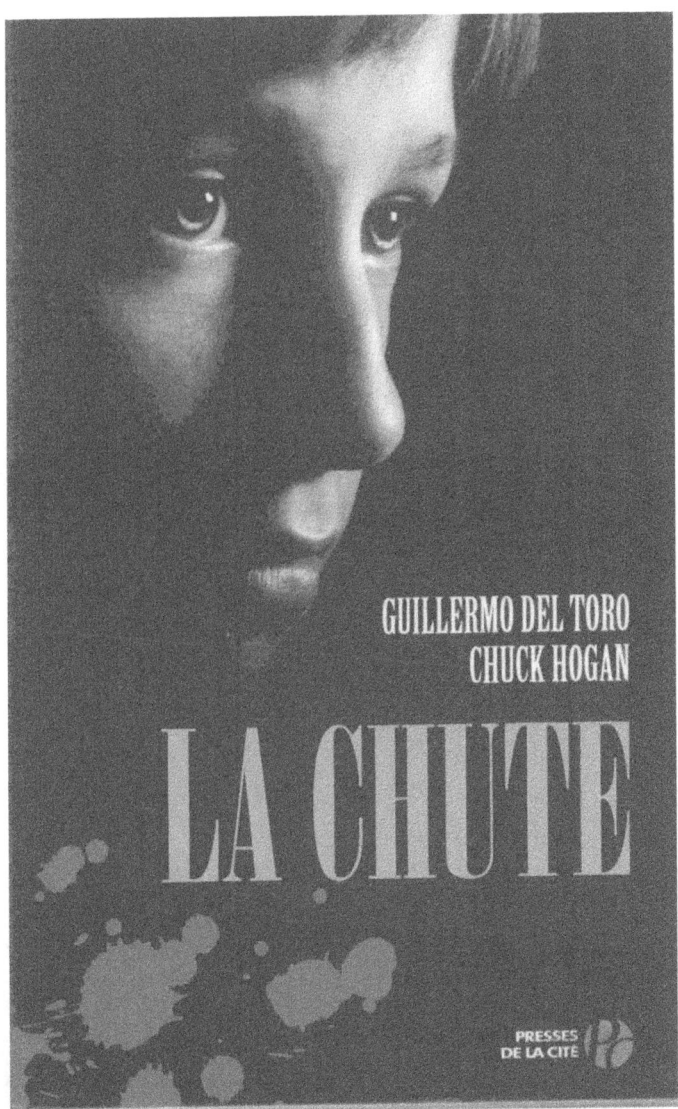

Les épisodes

Saison 1

0101 Nuit zéro
L'Avion ! La Chose dans l'avion... Après un prologue effrayant, on fatigue un peu le spectateur avec les problèmes du divorce du personnage principal. Mais il faut bien en parler pour la suite. Et cela fait plaisir de retrouver les personnages du roman.
Le CDC retrouve quatre survivants dans l'avion (tous les autres semblent morts) et un gigantesque coffre en bois sculpté de trois mètres de longueur. Les sculptures sont effrayantes. Le coffre est plein de terre, avec un loquet intérieur ! La scène de la vampirisation et de l'exécution par le maître dans l'entrepôt est terrible. Le vampire est un monstre innommable.
Quant à la connerie humaine, elle est sans limites. C'est elle d'ailleurs qui sera la meilleure alliée des vampires. On se prendrait presque à souhaiter la disparition de cette chienlit.
Mais il y un danger encore plus important pour l'espèce humaine, c'est l'amour.
Leur seul espoir ? Le Juif ! Le vieil ancien déporté qui sait tout. Abraham Setrakian est une espèce de Van Helsing !

0102 Le Coffre
Rencontre entre l'ancien nazi et Setrakian. Ce dernier a encore son matricule de déporté sur le bras :

a230385. Et l'ancien nazi, qui l'a connu là-bas, autrefois à Auschwitz, l'appelle toujours par son matricule.
Un immigré mexicain délinquant a été recruté par les complices du maître pour faire sortir de l'aéroport le coffre qui l'héberge. Il s'appelle Gus.
Le médecin du CDC, Ephraim Goodweather, se heurte à la bureaucratie pour son enquête. Il est alcoolique en voie de guérison. Il participe à un groupe d'alcooliques anonymes et est suivi par un psychiatre. Tous ces problèmes personnels seront bien mesquins face aux événements ultérieurs.
Eldrich Palmer, un milliardaire mourant, a rendez-vous avec le maître. Ce dernier est tellement terrifiant que l'homme presque mort a du mal à le regarder.
« J'ai faim ! » Dit une petite fille transformée à son père qui ne l'est pas encore…
Ici, dans cette série, on ne craint pas de montrer des enfants morts et transformés qui vampirisent leurs parents.

0103 Premiers symptômes

Une scène nous montre que l'ancien SS est un strigoï maquillé en être humain.
« C'est comme pour le World Trade Center », déclare la femme d'un « rescapé » en voie de transformation.
Zack, le fils d'Eph qui divorce, croit faire plaisir à son père, mais c'est le contraire, car ce dernier n'a jamais su montrer son amour paternel.
La star du rock metal s'appelle Gabriel Bolivar. Il aura toute son importance plus tard.
On nous montre également un agent préposé à la dératisation. Son expertise des souterrains de New York sera précieuse…

Les transformations durent longtemps. Ça fait durer le suspense. On constate que les strigoï sont asexués.
Ah ! Enfin ! Le premier survivant est transformé : Nora, Eph et Jim en sont les témoins.

0104 Autopsie du chaos
« Un monstre vient d'essayer de nous tuer : il n'y a pas de protocole pour ça ! »
Le complot se poursuit, le maître tirant toutes les ficelles.
Les deux médecins réalisent l'autopsie d'un strigoï. On en apprend ainsi beaucoup plus sur leur anatomie qui n'a plus grand-chose à voir avec celle des humains.
Gros moment de suspense quand la gentille épouse d'un transformé (mais pas tout à fait terminé…) revient à la maison.
Jim a avoué sa traîtrise et nous voilà plongés dans une histoire parallèle de gangsters. Et toujours le complot pour créer… le chaos.
Le spectateur peut être lassé par les états d'âme moraux de Nora qui est ainsi complètement à côté de la plaque.

0105 Fuir ou mourir
Une femme médecin a été appelée au chevet de la star du rock, Gabriel Bolivar qui est déjà totalement transformé (il était dans l'avion…)
Setrakian raconte comment il a connu les strigoï : dans un camp de concentration nazi dirigé par le SS Eichorst, aujourd'hui strigoï assistant du maître. Puis on nous emmène chez une autre survivante de l'avion en cour de transformation, bien sûr… Voilà de nouveau le dératiseur.

L'épidémie se propage ! Tout cela est très dégoûtant...

0106 L'éclipse
Toujours la même histoire : il y a toujours les mêmes imbéciles qui croient que la monstruosité est une maladie et qu'il faut la soigner. Cela fait d'ailleurs écho au terrorisme islamiste, allusion déjà exprimée dans l'épisode précédent avec la citation du World Trade Center.
Catastrophe : il y a une éclipse solaire ! Gare ! C'est la fin du monde ?
Dans un premier temps, les strigoï se cachent le jour dans les égouts, car ils sont tués par la lumière du soleil. Ils profitent de l'éclipse pour sortir dans la rue. Le dératiseur (Fet) veut sauver ses parents et va les voir pour leur dire de s'enfuir, de quitter New York. Mais son père refuse.
« J'aime pas ça, c'est de mauvais augure ! » soliloque Kelly, l'ex-femme d'Eph en regardant l'éclipse.

0107 Pour bons et loyaux services
La femme de Jim n'est pas reconnaissante, c'est le moins qu'on puisse dire, alors qu'il a trahi l'espèce humaine (sans vraiment savoir qu'il le faisait) pour de l'argent afin de payer les soins du cancer dont elle mourait. Retour à Auschwitz. La main de Myriam. Le nazi Thomas Eichorst explique qu'il va créer un nouveau Reich avec un nouveau... Maître ! « C'est beaucoup plus facile de ne rien faire, n'est-ce pas ? C'est moins risqué ! » Reproche le nazi au jeune déporté Setrakian, le matricule a230385. On comprend que les strigoï ont un reflet dans le miroir.

Poursuite haletante dans le métro de New York. Apparition d'étranges soldats effrayants...

0108 Les créatures de la nuit
Le titre de cet épisode reprend une citation du roman de Bram Stoker. L'équipe d'insurgés commence à se constituer. Fet, le chasseur de rats rencontre Setrakian, Eph et Nora. Il y a aussi dans les parages, Dutch, la fille, la hacker qui, payée cher par Palmer, a désorganisé toutes les communications à New York pour favoriser l'action des vampires. Quand la commande lui a été faite, elle ne savait pas que c'était dans ce but.
Cet épisode est un hommage vibrant au film *La Nuit des morts-vivants* (1968) de George A. Romero. Les êtres humains sont assiégés par les vampires dans un commerce de station-service. Ce serait donc plutôt le deuxième film de Romero, *Zombies, le crépuscule des morts-vivants* (1978).
Lors d'une attaque de strigoï, Jim est infecté. Les deux médecins pensent avoir découvert une procédure d'urgence pour décontaminer un infecté par les vers de strigoï. Et Dutch de poser la question : « Comment en est-on arrivé là ? » Alors que c'est elle qui est à l'origine de la situation, avec Jim aussi...

0109 Disparition
Retour à la prison où nos deux latinos (Gus et son cousin) ont été incarcérés. Le cousin est infecté et en voie de transformation.
« C'est important d'appeler un chat un chat ! » Rappelle Setrakian à Zack. Retour à Auschwitz : le jeune Setrakian a terminé de sculpter le coffre qui abritera le maître. Une petite erreur historique : les déportés

n'avaient pas de flanelle sous leur tenue rayée, ils étaient nus en dessous et mouraient de froid…
« Pourquoi m'avez-vous abandonné ? » Pleurnichait Eichorst en 1944 dans la cave où il se trouvait avec le maître et son coffre sculpté.
Dutch prend conscience de sa responsabilité dans la situation de crise et l'avoue à ses nouveaux amis.

0110 Les êtres chairs
On découvre comment Kelly, l'ex-femme d'Eph a été infectée. Dutch et Fet tentent de s'introduire dans l'immeuble de Palmer pour rétablir les moyens de communication.

0111 Le troisième rail
Nous retrouvons Gus, le délinquant latino sympathique. Il arrive toujours à s'en sortir. Effectivement, le scénariste ne peut pas faire mourir tous les personnages, il faut en garder en vie quelques-uns… L'équipe recherche le maître dans le métro et Zack garde la mère de Nora qui a perdu la tête. Eph trouve le coffre du maître. En général, on voit de dos les gens infectés, une indication cinématographique. C'est le cas pour Nora, mais, ouf, elle ne l'est pas…

0112 L'extrême onction
Retour en Albanie en 1967. Setrakian était déjà en chasse. Ça sent l'ammoniac au fond du puits : un indice de la présence de strigoï… Eichorst survient avec des strigoï…
Dutch est de retour et met en place un moyen technique pour pouvoir s'adresser au pays par les ondes hertziennes et le câble.

Gus est enlevé par les étranges soldats effrayants (voir 0107) et le maître rend visite à Palmer.

0113 Le maître
Ils ont réussi à acculer le maître, mais ils l'ont raté, même s'il a été gravement blessé.
« S'il résiste à la lumière, comment on le tue ?
 - Nous sommes perdus... »
Gus fait connaissance avec les Aînés... défendus par les soldats effrayants. D'autres maîtres strigoï ennemis du maître qui est en train d'envahir New York. Il est enrôlé pour combattre l'envahisseur.
Setrakian : « Le maître va se servir de votre femme pour nous poursuivre jusqu'au bout du monde si nécessaire ! »
« Eh bien qu'il essaie ! » Répond Ephraïm en buvant un verre d'alcool cul sec après un an d'abstinence.

Nous voici à la fin de la première saison qui correspond d'ailleurs à la fin du premier volume des romans : la Lignée... Mais cette correspondance ne se retrouvera pas par la suite...

Saison 2

0201 BK. N.Y.

Retour en 1932 dans un village roumain. Une grand-mère raconte l'histoire de Josef Czardu, le géant qui deviendra le maître. Le petit garçon qui écoute est Abraham. [Dans le livre, cette histoire est racontée en préambule de La Lignée.]
Retour de nos jours : Setrakian est enlevé par les soldats des Aînés qui lui proposent un marché. Il est question d'un vieux manuscrit enluminé nommé l'Occido Lumen (ce qui veut dire en latin, en gros, la lumière qui tue).
Ils ont changé d'acteur pour le rôle de Zack. Dommage, je préfère celui de la première saison, bien meilleur. Pourquoi ont-ils changé ? Les producteurs invoquent le problème de l'âge... Curieux...
Une scène de « livraison » d'enfants aveugles aux vampires est terrifiante. Je n'ai pas pu m'empêcher de penser à une scène semblable de mon roman *Ruines*, publié en 1998. Ces enfants deviendront « des renifleurs », une espèce de strigoï bien à part, « les enfants de la nuit »...Ils seront les chiens de chasse de Kelly désormais transformée. Car le maître lui redonne la parole et elle pourra plus tard également se déguiser en être humain comme Eichorst. Palmer embauche une nouvelle jolie secrétaire.

0202 À tout prix

Le maître va choisir un autre corps : celui de la star de rock Gabriel, qui se nomme comme un archange. Eph et Nora font des expériences sur les infectés. Encore une référence au film de Romero *Le Jour des morts-*

vivants (1958). Setrakian cherche toujours la piste de l'Occido Lumen.

Jolie scène d'amour entre Dutch et Fet.

Retour à Vienne en 1965 quand Setrakian a rencontré Palmer et acheté la canne de Czardu.

« Depuis le début, la chance n'a jamais été de mon côté, mais pourtant je suis toujours dans le jeu », déclare Setrakian. Les renifleurs, les chiens de chasse de Kelly, partent à la recherche de Zack.

0203 Le fort de la résistance
On trouve souvent cette faiblesse de scénario : les policiers sont très bêtes, ils se font avoir la nuit sans même se méfier.

Setrakian prélève des vers de strigoï et réalise avec eux des manipulations de laboratoire. En fait, il fait des expériences sur lui-même ! Enfin, on pourrait le croire…

L'un des deux cobayes d'Eph et Nora est mort. Zack a tenté une fugue ? Le personnage est devenu exécrable. Je comprends alors pourquoi ils ont changé d'acteur… Le petit garçon a donc laissé des traces de lui dehors que les renifleurs ne vont pas tarder à renifler…

L'ancien secrétaire de Palmer traverse l'Hudson pour se rendre chez son frère. Pourtant, le rôle de ce personnage dans le futur sera minime.

Red Hook, le lieu où se sont réfugiés nos insurgés, était le fort de la résistance pendant la guerre d'indépendance. Fet et Dutch cherchent l'amie de Dutch qui avait réussi à s'échapper lors du siège de la station-service par les strigoï (épisode 0108).

En fait, Setrakian ne faisait pas des expériences avec les vers de strigoï, mais utilisait ces vers pour confectionner un élixir de longue vie. Cette potion lui a permis de survivre jusqu'à ce jour où il a 92 ans.

0204 L'ange d'argent
La conseillère municipale Justine Feraldo a nettoyé Staten Island de tous les vampires. Pourquoi ne pas utiliser ses talents à Manhattan ?
Le restaurateur (Angel) chez lequel Gus s'est réfugié regarde un DVD d'un film de série B en noir et blanc : « L'Ange d'argent contre le seigneur des ténèbres »….
Retour à Vienne en 1966 avec une rencontre entre Palmer et Setrakian, à la recherche de l'Occido Lumen…
De nos jours, la destruction de la société américaine par l'épidémie de strigoï a commencé. Fet aime beaucoup chasser et tuer ces vampires. Il s'en est fait une spécialité.
Eph et Nora recherchent le strigoï infecté qu'ils ont lâché dans la nature, en espérant déclencher une épidémie mortelle chez les vampires.
Les renifleurs ont flairé la piste de Zack !

0205 Droit au but
Grand nettoyage de vampires à Red Hook.
Setrakian rencontre les « Nigériens » pour leur acheter l'Occido Lumen au cas où ils l'auraient en vente… Le nouveau Zack est toujours aussi barbant et dangereux par ses décisions stupides. Eph se rend à Washington pour présenter aux autorités son plan d'éradication épidémique des vampires. Il se rase la tête pour ne pas être reconnu. En fait, l'acteur a toujours été chauve et portait une perruque…

Fet s'est fait arrêter. Fet et Dutch collaborent avec la police. Eph se retrouve dans le train avec le nouveau chef du CDC qui collabore secrètement avec les strigoï.
Cette ordure de Palmer est de plus en plus agaçant.

0206 Transformation
L'ancien secrétaire particulier de Palmer rejoint les insurgés (voir 0203).
On revoit le guerrier impressionnant et terrifiant qu'on nous a montré à la fin de l'épisode précédent. En fait, il est venu en renfort pour les Aînés.
On s'ennuie un peu avec Gus qui s'est réfugié dans le restaurant d'Angel où il tombe amoureux de la jeune fille du patron.
Eph, lui, négocie avec une amie d'un ami la diffusion de son virus exterminateur de vampires. Grosse faiblesse scénaristique. On ne voit pas ce que cet épisode apporte à l'histoire. Il emballe la fille (ou l'inverse), mais il aurait dû se méfier.
Kelly et les renifleurs ont retrouvé Zack et Nora dans un taxi. Ils se réfugient dans une église.
Allons bon ! Même les tueurs à gages ne savent pas tirer... Autrement le scénariste aurait perdu le personnage d'Eph.
Le maître fourre la terre dans la bouche de Gabriel le rocker déjà transformé et y dégueule ses vers pour se transmuter dans son corps.

0207 Le gladiateur
Un empereur romain (on est reparti dans l'Antiquité) a pris sous son aile protectrice un gladiateur invincible. C'est un métis homme-vampire, qui ne craint pas la lumière du soleil. Référence au film *Blade*.

Eph a pris une balle dans l'épaule (le tueur à gages qui ne sait pas tirer…) et erre dans Washington. Dutch retrouve à son domicile sa copine qui s'était enfuie du siège de la station-service. Au grand dam de Fet, car cette copine était aussi l'amante de Dutch. Rien ne marche jamais dans cette série, même les histoires d'amour.
Palmer compte Fleurette avec sa nouvelle secrétaire. Un peu niais.
Le guerrier des Aînés a pris contact avec Setrakian.
Albanie en 1873 : un habitant du village raconte à la mode ancienne la vampirisation du village par Czardu. Il le raconte au guerrier des Aînés (vous saurez son nom plus tard).
Qu'est-ce que les personnages de cette série peuvent commettre comme bêtises dans cette deuxième saison. Et cet Eph qui apparaît comme un pauvre type rongé par l'alcool qui ne tient jamais ses promesses.
Le guerrier des Aînés est nommé « l'enfanté ».

0208 Les intrus
Eichorst apprend à Kelly la strigoï à se maquiller et s'apprêter pour avoir une apparence humaine.
La belle secrétaire de Palmer a-t-elle couché avec son patron pour lui tirer les vers du nez ? Les vers ? Ah ! je ne parle pas des vers de strigoï… Eichorst est devenu trop humain : dérapage scénaristique ?
Un évêque marchande la vente de l'Occido Lumen. Les enchérisseurs sont Palmer et Setrakian.
Ils mangent souvent des spaghettis dans cette série, mais ils n'ont pas la bonne méthode.
Le maître et Kelly passent trop facilement le barrage policier. Et puis alors, l'opération improvisée pour

obtenir un fusil de sniper, c'est encore beaucoup trop facile !

Gus se fait recruter par l'enfanté, qui se nomme Quinlan.

Kelly se pointe devant les locaux des insurgés et persuade Zack d'ouvrir la porte. Où l'on voit que Nora ne sait pas tirer. Elle est médecin, d'accord, mais quand même, elle aurait pu faire un effort.

0209 L'attaque de Red Hook
Eichorst organise une attaque de zombies (euh, pardon, de strigoï) à Red Hook.

On fatigue encore le spectateur avec les histoires de choix amoureux de lesbiennes ou d'hétéro. Ça fait moderne.

Le commando de zombies/strigoï s'attaque à la centrale électrique. La bataille de Red Hook restera dans les annales. Mais Kelly s'acharne pour enlever Zack. Une autre bataille se joue entre Eichorst, Setrakian et Eph.

0210 L'assassin
Justine Feraldo est la conseillère municipale qui a nettoyé State Island des vampires.

Palmer veut récupérer sa belle secrétaire qui l'a quitté. Eph et Dutch montent un coup pour assassiner Palmer. Eph tire à côté et se fait arrêter avec Dutch. La balle a atteint la secrétaire au lieu d'atteindre son patron.

Stupéfiante scène de l'attaque des strigoï dans la prison.

Setrakian trouve l'Occido Lumen, mais se le fait faucher. Et Dutch est en mauvaise posture.

Décidément rien ne va dans cette série !

0211 Sans issue
Eichorst raconte sa vie à Dutch qui est prisonnière du nazi strigoï. Elle le traite de mal baisé. Elle ne sait pas vraiment à qui elle a affaire… On nous montre des souvenirs d'humiliation du nazi avant la guerre sous le joug de Hitler. Le scénario essaie de le rendre humain. On retrouve Gus et ses amours.
« Cheisse ! » pleure Eichorst. Il se souvient de ses premiers exploits d'officier SS et comment il a trahi son premier amour (une juive).
L'Occido Lumen est retourné chez les Nigériens.

2012 Crépuscule
Retour sur le passé d'Eph et de Nora. « Être heureux, c'est pas censé être facile. » Dit Fet à Dutch. Conflit politicien un peu bateau entre le maire et la conseillère municipale Feraldo.
Gus s'introduit dans la prison où il n'y a plus de gardiens. C'est celle où il avait été incarcéré. Il fait sortir les prisonniers et les mobilise pour servir les Aînés.
Setrakian négocie avec les Nigériens pour acheter l'Occido Lumen.
Les problèmes de famille d'Eph et Zack sont lassants. Le maire est assassiné. Justine Feraldo est soupçonnée. Palmer intrigue pour la mettre responsable de la sécurité.
À quoi servent ces scènes sur l'histoire d'amour entre Eph et Nora ? Ce n'est pas le sujet, non ? Et cette fois, ils nous font rire avec Palmer, un personnage peu crédible.

0213 Le dernier voyage

Eph emmène Zack chez grand-mère, accompagné de Nora. Mais… vous verrez… Ça ne se passera pas si bien.

Eichorst prépare son système d'extermination (c'est un spécialiste, un être expérimenté dans ce domaine) des êtres humains, comme à Auschwitz.

Fet et Setrakian ont récupéré l'Occido Lumen, mais c'est dur de le garder. Tout est dur dans cette histoire ! « Abraham, comme d'habitude, ta victoire a été de courte durée ! » Ricane Eichorst. Quel massacre ! Quinlan, l'enfanté, affronte Eichorst. Et Palmer est obligé de s'incliner devant le maître.

« Nous devons nous garder de devenir nous-mêmes des monstres. » Déclare Setrakian… a230385

Saison 3

Pour cette saison 3 que j'ai regardée en version originale, je ne possède pas les titres des épisodes traduits en français. Je vous les indique donc en VO, en anglais.

0301 New York Strong
« Il s'est passé trois jours depuis l'atterrissage du vol Regis Air 753 qui a paralysé le monde. Notre réponse à la menace a été inutilement retardée par des débats politiques vains, un cirque médiatique, des avis d'experts et de la démagogie. Placer New York en quarantaine a été un succès limité. Enfermer des prédateurs en compagnie d'une source de nourriture a permis aux strigoï d'évoluer rapidement. Isoler l'épidémie lui a permis de flamber. Les États-Unis ont décidé de déployer massivement la Garde nationale et des réservistes de l'armée sur New York afin d'éliminer l'ennemi infecté. Mais quand l'épidémie a éclaté dans d'autres villes, le soutien militaire a été réaffecté vers ces zones dans l'espoir d'enrayer la propagation de l'épidémie, mais aussi de la panique. Les envahisseurs représentent une menace plus grave qu'on ne l'imaginait. S'il reste un espoir à l'humanité, il faut agir maintenant... ou jamais ! »
Commentaire off d'Abraham Setrakian... Quel bavardage pour résumer les épisodes précédents...
Un nouveau générique bien mieux !
Eph cherche toujours une solution biologique pour développer une épidémie mortelle chez les strigoï. Il collabore avec Justine Feraldo. Les militaires tiennent le coup, mais ils perdront tôt ou tard.

Le truc classique des films de zombies : Gus nourrit sa mère transformée avec son propre sang. Ah ah ah !
Fet aide les forces spéciales à rechercher le maître qui se trouve vraisemblablement là où il y a beaucoup de strigoï.
Hallucinante scène de guerre dans une église :le maître seul contre un commando des forces spéciales.
Zack est retenu prisonnier. Le geôlier est sa mère transformée.
« Le Lumen ou Zack ! » C'est le chantage du maître à Eph par la voix de Kelly la strigoï…

0302 Bad White
Quelques scènes montrant des boyaux, des ventres ouverts dans une salle d'autopsie. Ils font des expériences sur les strigoï. Les forces spéciales quittent New York pour se rendre à Washington. Une petite scène de cul avec Fet (il y en a pas mal dans cette série). Eph retrouve Fet, Setrakian et Quinlan, mais ne dit rien sur le chantage du maître à propos de Zack et du Lumen. Dutch et sa nouvelle bande tentent de piller le 42e étage d'un gratte-ciel. Setrakian et Eph discutent du Lumen. C'est un traité énigmatique comme un traité d'Alchimie.
Petit face à face ridicule entre Quinlan et Eph. Cela pèse peu dans le scénario et ça ne grandit pas Eph comme personnage faible et fat.

0303 First Born
La scène de l'accouchement de Kelly quand elle a enfanté Zack. Mais… qu'est-ce que cela peut faire ?
Kelly la zombie (pardon… la strigoï) raconte des tas d'histoires à Zack qui la croit, bien sûr. Elle le croit elle-même d'ailleurs.

Retour à l'Antiquité pour connaître les origines de Quinlan alors qu'Eph a volé le Lumen à Setrakian avec la complicité de ce dernier.
Gus nourrit toujours sa mère avec son sang.
Encore un retour en arrière dans le temps, 60 ans après J.-C., quand le maître pourchasse Quinlan (nommé alors Quintus).
Le maître serait-il mort ? Lui oui, mais le ver pourpre reproducteur est sorti de son corps et a pénétré dans les égouts…

0304 Gone but Not Forgotten
Gus et Angel, le cinéaste de série B, sont enrôlés de force dans la police Newyorkaise en tant que prisonniers. Mais comme toujours dans cette série, ils seront libérés par le massacre de leurs geôliers par les strigoï…
Eichorst fait des expériences sur les strigoï. Il n'y a plus de maître, oui ou non ? On est perdu.
La nouvelle tactique d'Eichorst porte ses fruits : même Justine Feraldo est infectée par la pénétration d'un ver dans son œil. Eph et Dutch (qui forment un nouveau couple, ça va et ça vient…) font une virée la nuit et découvrent que le maître est de retour. Dur à éliminer cette vermine !

0305 Madness
L'épidémie Strigoï envahit le monde. À New York l'espèce humaine résiste, mais ne repousse pas l'ennemi. Eph et Dutch poursuivent des expériences. Cette fois, ils ont abandonné la biologie, pour étudier la manière de communiquer du maître avec les strigoï. Fet prend son pied en chassant les strigoï. Ils sont tellement nombreux.

Encore un retour à Amsterdam en 1972 avec Setrakian et le Lumen.
Palmer, désormais mourant, est toujours l'esclave du maître.
Il est question d'un Aîné enfermé durant des siècles dans un sarcophage couvert d'argent. Pourquoi ne pas faire de même avec le maître ?
Une nouvelle alliance avec Palmer se dessine-t-elle ?

0306 The Battle of Central Park
Fet a trouvé le « nid » strigoï sous central Park. Ils sont des milliers ! Il participe à un commando qu'il dirige avec une fille avec qui il avait couché un soir.
Un autre commando avec Gus et Angel parcourt également les tunnels.
Zack, toujours prisonnier, mais désormais consentant, joue avec son chien de garde, un enfant transformé en renifleur, ou parfois appelé palpeur (c'est selon le traducteur).
Eph et Dutch écoutent les communications entre le maître et les strigoï avec leur nouvel appareil.
Ce qu'il reste des deux commandos ci-dessus se rencontre sous central Park. Eph passe tout près de Zack (scène très émouvante). Fet réussit à détruire le nid, mais ce n'était qu'un trompe l'œil : des milliers d'autres strigoï déferlent en surface !

0307 Collaborators
Eichorst cautérise au feu la plaie de son bras amputé de la main lors d'un combat avec Dutch qui était prisonnière dans son antre.
Retour en Ukraine en 1941….
Idée d'Eph : retrouver la boîte noire du vol dont les passagers et l'équipage ont été infectés par le maître.

Pour essayer d'écouter éventuellement la voix du maître enregistrée… Bof…
Fet va chercher son père avec Setrakian.
Pologne 1941 : Fetrovsky, le père de Fet avait collaboré avec les nazis.
À ce propos, Setrakian lui dit : « Pardonner, c'est libérer un prisonnier et découvrir que ce prisonnier c'était soi. » Ainsi, « Fet » est le diminutif de Fetrovsky…
Setrakian a donné une dose de son élixir de longue vie confectionné à partir des vers de strigoï à Palmer !

0308 White Light
Cette fois nous retournons dans le passé pour comprendre l'enfance de Gus, battu par son père, ainsi que sa mère également victime...
Eph et Dutch ont récupéré la boîte noire de l'avion.
Palmer collabore avec Setrakian. Ce dernier et Fet tentent d'intercepter la caisse venue d'Égypte sur un cargo appartenant à Palmer. Ils craignent qu'elle contienne un Aîné venu en renfort pour le maître. Angel s'est fait soigner et revient à l'appartement de Gus.
Le maître a repéré l'antre des Aînés. Pourquoi ne l'a-t-il pas fait avant ? Ça va barder !

0309 Do or Die
Mauvais souvenirs de Palmer alors qu'il recherche toujours la destination de la cargaison de son navire, cette caisse qui, il le croit, est susceptible de contenir un Aîné.
Eph régularise la situation en couchant avec Dutch.
Le NYPD se retire de New York.

Fet est venu prévenir Eeph et Duth et demande à cette dernière de venir avec lui. Elle refuse. Setrakian lit toujours le Lumen. En fait, la caisse contenait deux bombes nucléaires. L'une a été utilisée par Eichorst pour éliminer le nid des aînés qui se trouvait sous l'eau (épisode précédent). Et Palmer a volé l'autre.
Certains se sacrifient pour que d'autres puissent survivre. Eph et Dutch recherchent toujours un moyen de couper la communication entre le maître et les Strigoï. Palmer se révolte contre Eichorst et rejoint Setrakian.

0310 The Fall (Final)
Palmer annonce à Setrakian qu'il a piégé le maître : il l'attend, car il va venir en personne récupérer sa bombe nucléaire, Eichrost étant hors d'état de nuire. Mais ce qui reste du nazi a été récupéré par deux strigoï armés, la nouvelle race de vampires. Le complot de Palmer rate complètement : le maître se transfère dans le corps du milliardaire qui devient dont le roi des strigoï. (Pourquoi ne l'a-t-il pas fait dès le début ?)
On revoit Zack et son garde du corps renifleur.
« Lève-toi Thomas et contemple les derniers jours de l'humanité ! »
Alors que Setrakian et son équipe ont réussi à enfermer le maître dans un coffre blindé d'argent, c'est Zack qui va tout faire foirer !
C'est « l'occultation », l'hiver nucléaire : les strigoï vont sortir et les humains se terrer dans le métro et les égouts.

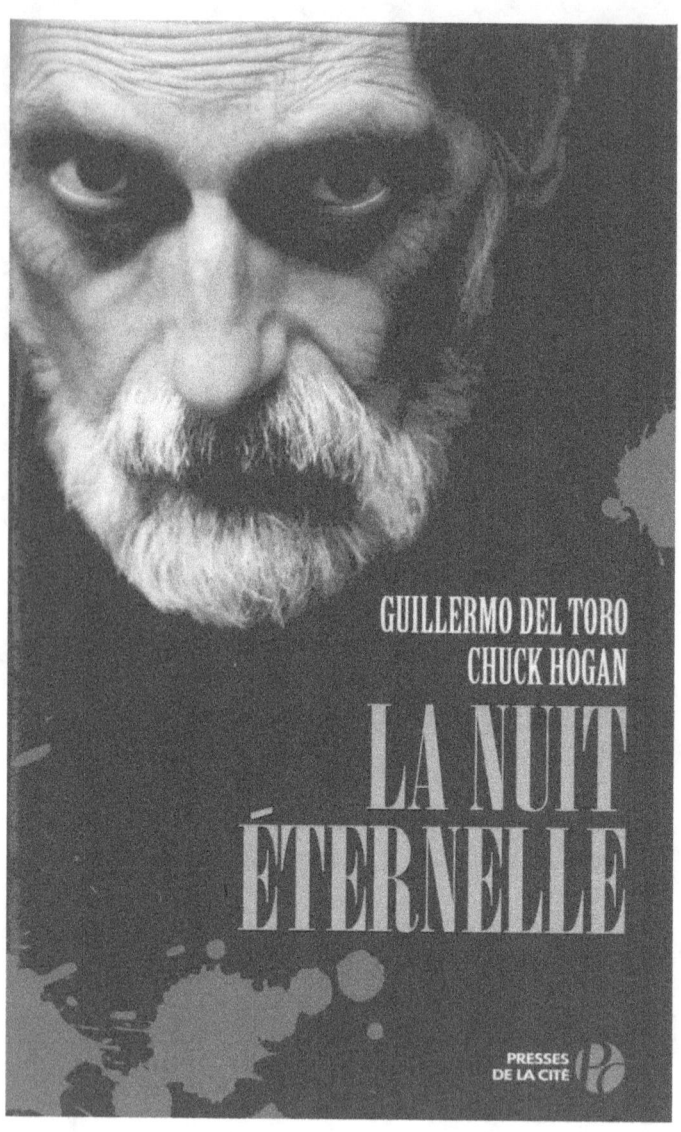

Dracula et les vampires

Voici comment le célèbre Eliphas Lévi traite des vampires dans son traité *Histoire de la Magie*, édité en 1859 : « *Les personnes enterrées vivantes ne peuvent [...] avoir sous terre que des réveils rapides et de peu de durée, elles peuvent toutefois y vivre longtemps conservées par la lumière astrale dans un état complet de somnambulisme lucide. Leurs âmes alors sont sur la terre, encore enchaînées au corps endormi par une chaîne invisible, alors si ce sont des âmes avides et criminelles, elles peuvent aspirer la quintessence du sang des personnes endormies du sommeil naturel, et transmettre cette sève à leur corps enterré pour le conserver plus longtemps dans l'espérance vague qu'il sera enfin rendu à la vie. C'est cet effrayant phénomène qu'on appelle le vampirisme, phénomène dont la réalité a été constatée par des expériences nombreuses aussi bien attestées que tout ce qu'il y a de plus solennel dans l'histoire.*

« *[...] Il existe encore un grand nombre de procès-verbaux sur l'exhumation des vampires. Les chairs étaient dans un état remarquable de conservation, mais elles suintaient le sang, leurs cheveux avaient cru de manière extraordinaire et s'échappaient par touffes entre les fentes du cercueil. La vie n'existait plus dans l'appareil qui sert à la respiration, mais seulement dans le cœur qui d'animal semblait devenir végétal. Pour tuer le vampire, il fallait lui traverser la poitrine avec un pieu, alors un cri terrible annonçait que le somnambule de la tombe se réveillait en sursaut dans une véritable mort.*

« Pour rendre cette mort définitive, on entourait la tombe du vampire d'épées plantées en terre la pointe en l'air, car les fantômes de lumière astrale se décomposent par l'action des pointes métalliques qui, en attirant cette lumière vers le réservoir commun, en détruisent les amas coagulés. »

Le prêtre défroqué Alfred Charles Constant, dit Eliphas Lévi fut admiré par André Breton et les surréalistes.

On voit qu'il traite de cas de vampirisme (à partir des théories de l'occultisme) bien avant que Bram Stoker n'en parle. On sait que ce dernier fut membre de la Golden Dawn, société initiatrice au sein de laquelle il put accéder à certaines informations et documentations. D'autres grands de la littérature fantastique furent membres de cette société secrète : Arthur Machen et Algernon Blackwood. L'occultisme ne fut donc pas étranger à la culture et aux pratiques de ces écrivains.

Le mythe du vampire est très ancien. Tournefort, cité par Eliphas Lévi, rapporte dans son *Voyage au Levant* : *« Des peuples du nord les appellent Vampires ; les Grecs les désignent sous le nom de Broucolaques. »*

Ce phénomène a certainement pour origine le fait que l'on enterrait parfois des gens vivants, les croyants morts. Ils se réveillaient enterrés vivants et faisaient alors beaucoup de bruit dans leurs cercueils. Lorsqu'on les déterrait, on les découvrait pleins de sang (des blessures qu'ils se faisaient en tentant de sortir) et très bien conservés par la force des choses. Le phénomène prenait de graves proportions lors des épidémies, car on enterrait alors les gens promptement pour éviter la contamination... Certaines traditions vécues comme macabres par un spectateur non averti, consistaient à vérifier la vraie mort du défunt. Ainsi, les mariniers du Rhône descendaient dans le trou et frappaient violemment sur le cercueil en poussant des cris effroyables, puis sortaient pain et vin et cassaient la croûte dans la tombe... D'ailleurs, n'est-ce pas étonnant qu'une légende rhodanienne raconte l'histoire du Drac, dragon vivant au fond du fleuve et qui enlève les femmes dont le lait seul peut ressusciter son enfant mort... Or, nous verrons que Drac signifie dragon en... roumain.

À l'origine, il y a les légendes arabes des goules qui ne sont pas vraiment des vampires, mais des êtres surnaturels qui dévorent les cadavres et parfois les vivants. C'est en parlant de ces goules que Lovecraft utilise le mot de vampires dans *Démons et merveilles* : « *Créatures carnivores au visage de chien (et aux) formes affaissées* » (*À la recherche de Kadath*).

Mais les vrais vampires ont été inventés au XVe siècle aux confins de la Hongrie et de la Roumanie. C'est là, en Transylvanie, que les plus grandes épidémies de vampirisme ont été recensées dans le passé... Cette province était dirigée par un voïvode, gouverneur de Hongrie, Jean Hunyadi. Les deux autres provinces, la Valachie et la Moldavie, constituaient le dernier rempart du christianisme face à l'invasion ottomane. Vladislas III (Vlad), voïvode de Valachie, opposait une résistance farouche à l'envahisseur. Vlad III avait été fait chevalier du dragon : Vlad Dracul (Drac, signifiant dragon en roumain). Emprisonné par les Turcs, c'est son fils, Vlad IV qui lui succéda sur le trône. Vlad Dracula, le suffixe « a » signifiant « fils de ». Ce noble guerrier, juste, mais dur, mena une guerre féroce contre l'envahisseur turc. Il utilisa copieusement une méthode de supplice très répandue en orient à cette époque : le supplice du pal, d'où son surnom de Vlad Tepes, Vlad l'empaleur. Il n'était pas vraiment bien vu par le roi de Hongrie, Mathias Corvin, fils de Jean Hunyadi, qui l'apprécia d'abord pour sa lutte contre l'envahisseur, puis ensuite le vit comme un obstacle à ses vues sur les provinces roumaines. Ce souverain amplifia les légendes servant à dénigrer, pour des raisons politiques, ce personnage fort controversé. « *C'est ainsi que naquit la légende noire, reposant sur les sources germano-hongroises, du monstre sanguinaire festoyant parmi les empalés, imaginant des supplices aussi raffinés que gratuits, torturant et tuant dans le plus bel arbitraire.* » (Jean Gœns, dans *Loups-garous, vampires et autres monstres*)

Cette propagande politique déploya également la légende selon laquelle Vlad Dracula (mort en 1476 dans une embuscade) aurait signé un pacte avec le diable qui en fit un vampyr après sa mort. Le mot Dracul signifie également diable en roumain et vampire en moldave. Et voilà ! La légende a pour origine une affaire politique !

L'écrivain français Huysmans consacre son livre *Là-Bas* (1891) à un terrible personnage, Gilles de Rais, en qui il voit un véritable vampire. Gilles de Rais (1400-1440) fut compagnon d'armes de Jeanne d'Arc, puis, retiré dans ses domaines de Machecoul et Tiffauges, il s'adonna aux sciences occultes et surtout à l'alchimie. Il crut alors trouver dans le sang le secret de la pierre philosophale. Trois cents enfants seront les victimes de ses "recherches", alibis de ses perversités.

Un autre personnage de la même région que celle de Dracula, la Transylvanie, a défrayé la chronique vampirique : la comtesse Erzebeth Bathory (1560 – 1614). Cette femme, d'une famille noble comprenant, aussi bien dans ses aïeux que dans ses contemporains, nombre de dépravés et brutes sanguinaires, a eu une nourrice, Jo Ilona, qui pratiquait sortilèges et magie noire. Elle deviendra son âme damnée. Le blason des Bathory comprenait : trois dents de loup, un croissant de lune, un soleil en forme d'étoile à six pointes, le tout entouré d'un dragon qui se mord la queue. Leur qualité de noble les autorisait au pouvoir de vie et de mort (même dans d'atroces souffrances) sur la piétaille. D'où les messages politiques que certains auteurs mettent dans leurs histoires de vampires. À son mariage, Erzebeth s'installa chez son mari (Férencz Nàdasdy, Héros noir de la Hongrie), au château de Csejthe, pays réputé hanté de fantômes, vampires et loups-garous. Un jour, alors que son guerrier de mari était à la guerre, elle reçut la visite d'un homme pâle habillé de noir. Les habitants des lieux crurent à un vampire... Elle s'absenta en sa compagnie de longues semaines. Elle devient veuve en 1604. Un jour, elle avait frappé violemment une servante au visage. Du sang coula sur son bras. Elle s'aperçut alors que la peau, à cet endroit, avait rafraîchi. Elle se baigna alors le visage avec le sang d'une des victimes de ses orgies sadiques et ce traitement la rajeunit et la vivifia. Ses servantes (de véritables sorcières) ramenaient au château d'innocentes jeunes filles qu'elles sacrifiaient horriblement au sadisme de la comtesse. Ce personnage a dû également inspirer Bram Stoker. La comtesse semblait utiliser la *Vierge de Fer*, automate monstrueux qui enserrait ses victimes entre ses bras acérés en faisant couler le sang. Et Stoker a fait de cet automate, qu'il nomma La Vierge de Nuremberg, le personnage principal d'une de ses nouvelles, *La Squaw*. La comtesse finit par être arrêtée, jugée (les minutes du procès montrent les sévices subis par ses victimes) et condamnée à être recluse dans ses appartements. Ses servantes furent décapitées. À sa mort, quatre ans plus tard, elle était restée d'une étonnante beauté...

Au XVIIIe siècle, l'abbé bénédictin Dom Augustin Calmet rassemble de nombreux témoignages dans son *Traité sur les apparitions des anges, des démons et des esprits et sur les revenants et vampires de Hongrie, de Bohème, de Moravie et de Silésie* (1746—1751). Ensuite, le docteur Van Swieten, rédigea, à la demande de l'impératrice Marie-Thérèse d'Autriche, un rapport médical sur les vampires (1755) ce qui montre à quel point ce problème préoccupait les autorités. Il y conteste l'existence de ces morts-vivants, montrant que les terreurs nocturnes des témoins étaient dues à leurs angoisses et hallucinations. Il conteste les rapports des commissions d'Olmütz qui ne comprenaient pas d'autorités médicales aptes à apprécier l'état des corps. D'autre part, la conservation des corps peut être un phénomène naturel dans certains sols ou dans des périodes de grands froids.

Avec les légendes de Vlad Tepes, Bram Stoker s'est inspiré de trois fictions littéraires pour écrire son *Dracula* : *Le Vampire* de John William Polidori (1819), *Varney le Vampire* de James Malcom Rymer (1840) et le superbe *Carmilla* de Joseph Sheridan Le Fanu ((1872). Le XIXe siècle fut fort influencé par les histoires de vampires.

Polidori était le secrétaire de Lord Byron qu'il quitta d'ailleurs en 1817, ne pouvant plus le supporter. Sa nouvelle a été rédigée dans le cadre du pari qui avait conduit également Mary Shelley à écrire *Frankenstein*. Lord Ruthwen, le vampire libertin et débauché devait être une caricature de Lord Byron lui-même. Le vampire n'est plus alors le monstre hideux et malfaisant, mais un beau séducteur fascinant, même s'il est foncièrement mauvais. Polidori, qui inspirera Charles Nodier et Alexandre Dumas avec son vampire, aura fait entrer le romantisme dans la légende.

Varney est un feuilleton énorme dont le sous-titre, *La Fête du sang*, exprime bien le contenu. *Carmilla*, dans une nouvelle, met en scène une femme vampire qui aime sa victime (une femme) dans une grande passion. Théophile Gautier avait déjà mis en scène une femme vampire dans sa nouvelle *La Morte amoureuse* (1836) : la belle Clarimonde, morte, mais amante, vampirise le prêtre Romuald.

D'autres écrivains ont été fascinés par les vampires. Prosper Mérimée traite de la question dans *Lokis* (1869) ; Gœthe, déjà, dans *La Fiancée de Corinthe* (1797) ; le grand Ernst-Théodor-Amadeus Hoffmann avec *La Vampire* (1828) ; Charles Nodier dans *Le Vampire de bien* (1831) ; Edgar-Allan Poe dans *Berenice* (1835) ; Gogol dans *Vij, le Roi des Gnomes* (1835) ; Tolstoï dans *La Famille du Vourdalak* (1847) ; Alexandre Dumas dans *Les Mille et un fantômes* (1849) ; Robert Louis Stevenson dans *Ollala* (1855) ; Fritz-James O'Brien dans *Qu'était-ce ?* (1859) ; Lautréamont dans *Ton ami le vampire* (1868) ; Marcel Schwob dans *Les Striges* (1891). Un autre genre de vampire, psychique celui-là, est traité avec grand talent par Guy de Maupassant dans *Le Horla* (1885) et par Kipling, en plus terrifiant avec *Dans la Cité des morts* (1885). Le thème sera encore copieusement traité par les écrivains du début du XXe siècle, comme Gustave Le Rouge dans *La Guerre des vampires* (1909) et Rosny Ainé dans *La Jeune vampire* (1920), jusqu'à nos jours. Lovecraft traite du vampirisme avec originalité dans sa très belle nouvelle *La Maison maudite* (1924) et dans son court roman *L'affaire Charles Dexter Ward* (1927).

Les contes populaires parlent aussi beaucoup de vampires sans les nommer : l'ogre du petit Poucet, par exemple, et surtout Barbe Bleue, magnifique allégorie, basée sur la curiosité des enfants envers les relations sexuelles de leurs parents. La tache de sang sur la clé ressemble étonnamment à la goutte de sang qui coule de la lance dans le château du roi Pêcheur de la légende du Graal.

D'ailleurs, les nombreux textes de la légende arthurienne sur la quête du Graal constituent les premières œuvres littéraires connues sur le vampirisme. Cette quête n'est-elle pas une quête du sang ? La scène célèbre du bol de sang (le Graal) et de la lance qui saigne dans le château du roi Pêcheur, alors que Perceval n'ose pas poser de question, est une scène d'offrande du sang pour accéder à l'éternité. Si Perceval ne pose pas de question, c'est qu'il se souvient des conseils de son maître en chevalerie : « *Il faut se garder de trop parler* »... Hélas ! Parler, questionner aurait sauvé de la malédiction le roi Pêcheur et son royaume, redonné du sang neuf au roi qui se saigne lentement. Un roman de ce cycle, *L'âtre périlleux*, montre une scène de vampirisme. Le chevalier Gauvain, neveu du roi Arthur, passe la nuit dans le Cimetière du Grand Péril. Assis sur une tombe, la pierre se met à bouger sous lui. Une belle jeune fille, très pâle, apparaît dans son cercueil. Dans le passé, le diable l'avait guérie d'un mal mystérieux et depuis, en échange : *« Il prenait de moi son plaisir chaque nuit, et chaque jour, je gisais seule dans ce tombeau ».* Voilà, (avant l'heure ?) une histoire qui ressemble diablement à une histoire de vampire.

Que contient le Graal ? Le sang du Christ que Joseph d'Arimathie a recueilli lors de la descente du corps de la croix... Or, le Christ a ressuscité. Donc, boire de ce sang rend éternel.

Voilà donc la question. La légende part des morts-vivants qui viennent hanter leurs proches, parfois les dévorer. D'abord, ce sont simplement des monstres. Puis, ces non-morts étant éternels, il faut bien y trouver une explication merveilleuse. La quête du Graal l'apporte : le sang rend éternel. Ce sang est dans un chaudron (la féminité) et coule de la lance (la masculinité) ; le sexe entre également dans la légende du vampire grâce à la légende arthurienne. Puis, une sombre affaire politique développe ces thèmes à propos d'un chef de guerre et seigneur de Valachie. Nous arrivons ainsi à Dracula.

Terreur de la mort, christianisme et légende du Graal, personnages historiques terrifiants, tous ces ingrédients mélangés par l'écrivain dans le vaste chaudron de la création, donnent le mythe merveilleux du vampire. La fascination qu'il exerce a produit le mot « vamp », tiré de vampire, et qui désigne une femme dont l'attrait est irrésistible.

Voilà pourquoi on ne s'en lasse jamais : le mythe prend sa source au fond même de notre culture. Et c'est pourquoi le cinéma s'en est bien vite emparé.

Le premier film de vampires a été réalisé par Georges Méliès en 1896. Ce film s'appelait *Le Manoir du diable*. Puis, l'honneur viendrait aux Américains avec *The Vampire Dancer* d'Ingvald C. Oes en 1912 et *The Vampire* de Robert Vignola en 1913. Les Français ont également commencé tôt, en 1916, avec le feuilleton cinématographique de Louis Feuillade : *Les Vampires*, dans lequel, d'ailleurs, il n'y a pas à proprement parler de vampires. Voyons ce qu'en dit Louis Aragon dans *Projet d'histoire littéraire contemporaine* : « *Tout ce qui touchait proprement à la guerre, tout ce côté « Illustration », cet exhibitionnisme de l'horreur, nous répugnait si fortement que je ne crois pas mentir en disant que jamais la guerre ne fut loin des cœurs des jeunes gens qu'en ces jours qu'elle dominait les adultes. Ce qui nous attirait, c'était ce dont nous privait une morale imposée, le luxe, les fêtes, le grand orchestre des vices, l'image de la femme aussi, mais héroïsée, sacrée aventurière. Il y a un document précis de cet état d'esprit, c'est à lui que je veux en venir. L'idée que toute une génération se fit du monde se forma au cinéma, et c'est un film qui la résume, un feuilleton. Une jeunesse tomba tout entière amoureuse de Musidora, dans "Les Vampires".*

« *C'était l'œuvre d'un piètre metteur en scène, Louis Feuillade, qui s'est depuis cette époque signalé par la nullité de sa production. [...] Mais d'admirables acteurs, et le choix d'un sujet qui tombait par hasard à pic, à cette époque, firent de ce qui aurait pu être une platitude, l'une des épopées qui marquèrent, plus vivement que la Marne ou Verdun, l'esprit de quelques hommes. [...]... Voilà qui posait pour la première fois d'une façon grandiloquente et manifeste le problème intellectuel de la vie qu'on a voulu depuis réduire à quelques petits cas littéraires : Leibniz, Rimbaud ou Barrès. Il était facile de généraliser du cas de Moreno ou Irma Vep[1] à celui de toute créature humaine : l'impossibilité d'éviter la catastrophe terminale. [...] Et pour rendre plus exaltante cette constatation, cet enthousiasme défendu, les journaux dénonçaient le cinéma "école du crime".*

« À cette magie, à cette attraction, s'ajoutait le charme d'une grande révélation sexuelle. »...

Cette longue citation d'un écrivain que l'on n'a pas l'habitude de voir écrire sur ce thème constitue une très bonne introduction à cette réflexion sur le cinéma et les vampires. Car que traite le film de vampire, sinon de sexe et de mort ?

Après quelques autres films moins connus, Murnau réalisa en 1922 son *Nosferatu*, film qui fait l'objet d'une étude au chapitre *des chefs-d'œuvre*.

C'est en 1931 que commence la très grande carrière de vampire du comédien Bela Lugosi, désormais irremplaçable dans le rôle de Dracula. Le superbe réalisateur Tod Browning voulait tourner *Dracula* avec son acteur préféré Lon Chaney, interprète célèbre du *Fantôme de l'opéra* et de nombreux autres films de Browning. Hélas pour lui, Lon tomba malade d'un cancer des bronches, et, heureusement pour lui, ce fut Bela Lugosi qui fut choisi. Bon début de carrière pour un vampire ! D'autant plus que ce Dracula-là fit une grande carrière commerciale, débuts prometteurs du

---

[1] L'actrice Marguerite Moreno, épouse de Marcel Schwob – Irma Vep, anagramme de vampire.

personnage. Il fut adapté de la pièce d'Hamilton Deane, d'après le roman de Bram Stoker. Tod Browning réalisa ensuite son fameux *Freaks* (*La monstrueuse parade*), un des meilleurs films fantastiques que j'aie jamais vu (voir également au chapitre *Zoom sur des chefs-d'oeuvre*)...

Au début du parlant, Bela Lugosi, très bavard d'autant qu'il jouait déjà ce rôle au théâtre, interprète un vampire dandy et séducteur de ces dames. On connaît bien cette image du Dracula élégant et séducteur, d'une séduction mortelle (cela se lisait dans ses yeux...). Ce film de Browning est décevant, malgré le succès qu'il obtint auprès du public, contrairement à *Freaks*. L'histoire du roman de Stoker a été modifiée, car c'est Renfield qui revient avec Dracula (Jonathan n'y va pas) et le comte est tué, le cœur percé, à Carfax Abbey : il n'y a donc pas de poursuite jusqu'en Transylvanie, le film de Murnau est passé par là... Avec ce rôle qu'il interpréta de nombreuses fois, Lugosi devint un mythe vivant. Si bien qu'on dit qu'à la fin de sa vie, il s'y crut et dormait seul dans un cercueil... Mais ce n'est qu'une légende. Revers de la médaille, ce grand acteur ne put se réaliser vraiment dans un autre rôle... Lugosi joua encore le vampire dans *La Marque du vampire* de Browning ; *The Devil Bat* ; Le retour du vampire ; etc. jusqu'à son dernier film en 1956 : *The Black Sleep*. Il meurt lors du tournage du film *Plan 9 from outer space* (1959) d'Ed Wood, film qualifié *« de plus mauvais film de l'histoire du cinéma »*. (Voir le film de Tim Burton : *Ed Wood* – 1994).

Dans ses débuts en Europe, il tourna dans *Der Januskopf* (1920), une adaptation par Murnau, du *Dr Jekyll et Mr Hyde* de Stevenson. On se souvient également de lui dans le rôle du docteur Mirakle dans

Double assassinat dans la rue Morgue de Robert Florey (1932). Ce film, très librement adapté de la nouvelle d'Edgar Allan Poe, traite également de problèmes de sang. L'abominable professeur Mirakle enlève les charmantes jeunes filles pour leur transformer le sang afin qu'elles puissent s'accoupler avec un grand singe intelligent et faire des petits. À la fin du film, après la mort de l'affreux professeur, le singe emporte la jeune fille sur les toits. Introduction au célèbre *King Kong*, réalisé en 1933 par Cooper et Schœdsacki ?

Désormais, le comte Dracula commence une carrière grandiose. Mais, il n'est pas le seul vampire à posséder les écrans et l'esprit des spectateurs.

Dès l'année suivante, le *Vampyr* de Carl Dreyer (*Der Traum des Allan Gray* : *le rêve d'Allan Gray*) se place à la hauteur du *Nosferatu* de Murnau. Gray découvre le vampirisme dans un vieux château où l'a emmené un vieil homme mourant. *Vampyr* se regarde comme un cauchemar éveillé. Notons d'abord que le prénom du personnage principal varie : dans les versions anglaise et française, Gray se prénomme David, dans les versions allemandes et danoises, il se prénomme Allan, alors que dans le scénario, son prénom était Nikolas. C'est le premier film parlant de Dreyer qui en attribue le scénario à deux nouvelles de Sheridan Le Fanu. Or, quand on connaît ces deux textes de l'écrivain irlandais, on ne trouve pratiquement aucun rapport avec le film ! Il ne fait aucun doute que ce film est une totale création de Dreyer et de lui seul. Alors pourquoi n'ose-t-il pas avouer que c'est lui-même qui a inventé cette histoire ? Le cinéaste répondra lui-même, plus tard dans son autobiographie : « *Avec Vampyr, je voulais créer sur l'écran un rêve éveillé et montrer que l'effroyable ne se trouve pas dans les choses autour de nous, mais dans notre propre subconscient. Si un événement quelconque a provoqué en nous un état de surexcitation il n'y a plus aucune limite aux inventions de notre imagination ni aux interprétations insolites que nous conférons aux choses réelles qui nous entourent.* » D'ailleurs l'affirmation brutale de la censure de son surmoi sur son inconscient a conduit Dreyer, un an après la sortie de son film, à une grave crise psychologique nécessitant une hospitalisation psychiatrique. Cette analyse de l'œuvre lui donne incontestablement le statut de fantastique, même si ce film d'épouvante ne nous épouvante guère, mais nous dérange au plus profond. Le flou qui met encore mieux en valeur le noir et le blanc, flou provenant d'un mauvais tirage de la pellicule que Dreyer a voulu néanmoins conserver, la bande-son qui ne produit pas de rupture avec les films muets précédents, l'ambiance onirique en fait un film d'avant-garde selon la revue Film-Kurier de l'époque qui ajoute : « *Dans le monde réel du récit, Dreyer fait entrer le sentiment de l'irréel, qui dissout l'espace et le temps. Il bat tous les surréalistes français.* » Cette incursion des images dans l'inconscient du spectateur le conduit, dans certains cas à une réaction violente de rejet, ce qui n'a pas manqué de se produire à la première sortie du film à Berlin en 1932.

En 1935, Tod Browning récidive avec *La Marque du vampire*. Des images très fortes dans un cadre très gothique font croire jusqu'au bout à l'existence du vampire qui hante les lieux avec sa fille, vampire elle aussi. Mais, tout cela n'était qu'un coup monté pour découvrir un assassin ! Quelle déception à la fin où l'on découvre que Bela Lugosi joue son propre rôle de... comédien qui joue le vampire. On sent que cette fin a été rajoutée, le scénario modifié au dernier moment. D'ailleurs, remarquez que la tempe du vampire porte une plaie sanglante. Le film n'explique pas que cette plaie est le résultat du suicide d'un père qui venait de tuer sa fille après l'avoir violée ! Ce père est devenu un vampire et sa fille aussi. Pourquoi cet épisode terrifiant du scénario n'a pas été retenu alors que le maquillage de l'acteur subsiste ?

Le cinéma américain a poursuivi sa production de films de vampires pendant la guerre, à raison de sept films. Le mort-vivant aux dents acérées continue à envahir les écrans sans laisser de grands souvenirs jusqu'à la très productive période anglaise de la Hammer Films qui consacra un autre interprète célèbre de Dracula : Christopher Lee. Cette société de production fut fondée en 1950 par James Carreras et Anthony Hines, au départ pour la télévision. Leur premier film *Le Monstre*, très lovecraftien, raconte la mésaventure d'un astronaute revenu sur terre, seul survivant de l'expédition et se transformant petit à petit en monstre en absorbant toute matière vivante située à sa portée. Devant le succès du téléfilm, ils en firent un film pour le cinéma appelé : *X l'inconnu*, D'où l'idée d'occuper le terrain du fantastique dans le cinéma...

Terence Fisher réalisa en 1958 : *Dracula* (*Le Cauchemar de Dracula* en Français ; pourquoi le cauchemar ?) avec notre inimitable Christopher Lee. Suivi en 1961 des *Maîtresses de Dracula* toujours par T. Fisher et avec C. Lee, puis, en 1964, *Dracula prince des ténèbres*, toujours par le même et avec le même.

Ce dernier film commence par la fin de *Dracula* : il meurt lorsque son bourreau ouvre les rideaux du château pour laisser entrer la lumière (décidément, Murnau fut bien plus imité que Stoker en ce qui concerne la fin du vampire...) Puis, Van Helsing (ici un moine...) raconte comment les gens de la contrée combattent les vampires. Une jeune vampire est exorcisée par le pieu. Des voyageurs innocents passent par là. Une voiture vide les incite à y monter à la tombée de la nuit. Ils sont amenés au château de Dracula. Il est mort, soit ! Mais il suffit d'un peu de sang (beaucoup) versé dans son cercueil pour qu'il reprenne forme et... vie (si l'on peut dire !) Pour obtenir ce résultat, le domestique assomme un voyageur, le pend par les pieds au-dessus du cercueil et le saigne. On entend le sang couler à flots. Une forme se dessine et une main émerge de la caisse... Les aventures commencent. Renfield, oublié dans le premier film (Christopher Lee le regrettait) fut introduit dans le scénario. C'est lui, recueilli dans un monastère, qui fera entrer le vampire et la jeune voyageuse vampirisée... Bref, le comte mourra, cette fois, ni par le pieu, ni par les rayons du soleil, mais par l'eau, car les balles tirées par le moine casseront la glace sur laquelle le vampire se tient ; il s'enfoncera dans l'eau claire des douves du château, ce qui, paraît-il, fait mourir les vampires. Tous les *Dracula* de la Hammer commencent par la fin du précédent, la mort du vampire, puis, ce dernier renaît...

Le Masque du démon (1960) de Mario Bava utilise une histoire de vampires comme prétexte à une angoissante péripétie gothique. (Voir au chapitre des chefs-d'œuvre)

En 1964, un film reprend l'idée du roman de Richard Matheson, *Je suis une légende* (*The last man on earth*) de S. Salkow. Le héros est le seul être humain restant sur la terre où tous les autres sont devenus des vampires. Puis, Roman Polanski semble tenter de clore définitivement la fiction du vampire au cinéma en le ridiculisant avec son *Bal des vampires* (1967). Ce projet (que je lui prête) est raté, mais le film est superbe !

Ensuite, nous entrons dans une période nouvelle avec le *Dracula* de John Badham, en 1979, avec Franck Langella dans le rôle du vampire charmant et séducteur. Cette fois, le bateau qui transportait son cercueil fait naufrage aux abords de Whitby. Dracula est sauvé par Mina qui le découvre, échoué sur la plage... l'histoire recommence. Les personnages sont tout inversés par rapport au roman : Lucy, la fiancée de Jonathan Harker, est la fille du docteur Seward et, Mina, première à être vampirisée (et exorcisée dans un souterrain du cimetière) est la fille de Van Helsing, personnage un peu ridicule. Le réalisateur semble vouloir jouer sur le complexe d'Œdipe pour mieux déranger. Frank Langella n'est pas très crédible en Dracula... Cette année-là, Werner Herzog réalise son *Nosferatu*.

Francis Ford Coppola, lui, déclare respecter le scénario du roman de Stoker avec son *Dracula* (1993). Il fait perdre tout mystère au mythe en apportant en début de film une explication sur l'état de vampire du comte dont il fait une victime, un amoureux vivant son éternel amour en non-mort éternel. Et, s'il s'intéresse à Mina, c'est qu'elle est la réincarnation d'Elisabeth, son premier amour (Coppola a-t-il choisi volontairement le même prénom que celui de la fiancée du docteur Frankenstein ?). Le romantisme y gagne, mais le fantastique y perd. On voit bien, dans ce film, l'influence d'un écrivain comme Fred Saberhagen qui a fait de Dracula un personnage positif, une victime et un justicier (*Un vieil ami de la famille*).

Le comte Dracula n'est pas le seul représentant de la gent vampire au cinéma. Nous avons déjà parlé de *Vampyr* et de *La Marque du vampire*, *Entretien avec un vampire*, en essayant de renouveler le genre, ne fait que l'affadir en un banal film d'action, enlevant tout mystère au vampire. Je préfère nettement un film plus ancien, le très beau *Aux Frontières de l'aube* (1981) de Kathryn Bigelow. Le jeune Caleb, par une chaude soirée de fin d'été, drague une belle jeune fille. Cédant à son insistance, elle l'embrasse et lui mord le cou *(« Quel baiser ! »* s'exclame-t-il subjugué...). Il deviendra donc un vampire, enlevé par une bande de vampires, horde sauvage qui tue pour vivre éternellement. Mais Caleb ne veut pas tuer. Il refuse son état de vampire. Dans une des premières scènes, inspirée du *Dracula* de Stoker, quand le comte dit à Jonathan : *« Vous les entendez ? Ce sont les enfants de la nuit... »,* la jeune vampire admire la nuit :

— *La nuit, elle est noire et elle brille... Elle va t'aveugler...*

— *Je ne vois rien, répond Caleb.*

— *Ecoute ! Tu entends !*

— *Non, je n'entends rien du tout.*

— *Ecoute bien ! Tu entends la nuit, c'est assourdissant !*

Très beau dialogue dont la noire poésie annonce la nature monstrueuse de la fille. À propos de ce film, on parle souvent du trucage de la scène de la combustion du jeune vampire. Je préfère mettre en avant la scène dans le bar qui devrait être inscrite dans l'anthologie du cinéma. Elle reprend le rock et la violence de *Graine de violence* (Richard Brooks – 1955) pour exacerber l'idée que ces vampires sont, comme certains délinquants, de véritables parasites qui se nourrissent de nous. Dans ce lieu clos, ce qui fait horreur, c'est que les victimes sont immédiatement averties de leur sort, inéluctable malgré leur volonté de lutter. Le remplissage du verre avec le sang de la serveuse égorgée, remplissage qui se fait pour une part hors-champ, place bien le thème des vampires à notre époque moderne au cours de laquelle on boit dans un verre, même du sang. On peut être un tueur sauvage, mais être civilisé. Sévéren, le vampire en blouson noir, T-shirt taché de sang et lunettes noires, avant de mordre le cou d'un consommateur du bar, déclare : « *Ah ! ça me dégoûte ces mecs qui sont pas rasés* », puis croque la veine jugulaire, absorbe le sang et rote bruyamment. Cette scène du bar, composée de plusieurs plans-séquence, qui commence par un rythme lent pulsé par le rock des Comets, est une scène de pure terreur. Plus tard, une autre scène frappe les esprits. Les vampires craignent la lumière du soleil. Dans leur bungalow ils sont encerclés par la police qui tire, mitraille vers eux. Dans la chambre rendue obscure par les rideaux, les trous des balles lancent de multiples traits de lumière qui blessent cruellement les vampires alors qu'ils ne craignent pas les balles. Ce magnifique film est gâché par la fin un peu niaise... Happy end oblige ? *Vampires* de John Carpenter est de la même qualité. Je vous renvoie à ma critique dans le chapitre sur les films. Enfin en fin de siècle et début du troisième millénaire c'est le chasseur de vampires qui devient le héros du cinéma. Dans la série des *Blade,* le chasseur est lui-même demi-vampire et s'attaque à des races de vampires de plus en plus évoluées. Dans tous ces films, comme

Underworld aussi, les combats sont très violents et très acrobatiques.

Les femmes vampires ont aussi enchanté les amateurs. D'abord, l'héroïne de Joseph Sheridan Le Fanu : *Carmilla* a été portée de nombreuses fois à l'écran, notamment par Roger Vadim dans : *Et Mourir de plaisir* en 1960 ; je n'ai pas vu le film n'étant pas spécialement attiré par ce cinéaste, même quand il traite du problème des vampires. Mais il y a aussi (de loin) *Vampyr* de Dreyer, *The Vampire Lovers* de R. W. Baker etc. Rappelons que *Carmilla* fut une des sources d'inspiration de Stoker pour son *Dracula*.

Si le saphisme vampire peut exciter notre imagination, les horribles manies de la comtesse Erzebeth Bathory, véritable vampire humain qui a existé en... Transylvanie ont aussi inspiré le cinéma. En 1970, le cinéaste belge Harry Kumel s'inspira de la sanglante comtesse interprétée par la grande Delphine Seyrig, dans son film *Les Lèvres rouges*. Ce réalisateur a créé également un superbe film à partir du chef-d'œuvre de Jean Ray : *Malpertuis* (1972). *Les lèvres rouges* conte les exploits vampiriques de la comtesse. Il commence par une superbe scène d'amour dans un train-couchette et finit par la mort définitive de la comtesse, éjectée de sa voiture (cela se passe à notre époque, la comtesse étant parvenue jusqu'à nous grâce à son vampirisme) elle s'empale sur le piquet d'une clôture du bord de la route. Le réalisateur Borowczyk narre également ses aventures dans ses *Contes immoraux*.

Enfin, dans le domaine du vampire femme, ici irremplaçable avec sa beauté glaciale, Catherine Deneuve, dans *Les Prédateurs* de Tony Scott, joue plutôt avec David Bowie le rôle d'une "sérial killer" qui boit leur sang et mange ses victimes. (1983) Seule la fin est véritablement vampirique lorsqu'on s'aperçoit que tous les compagnons de la vampire, depuis des siècles et des siècles, ne cessent de mourir, infiniment, dans de nombreux cercueils empilés dans le grenier. David Bowie y était déjà installé lorsque la nouvelle compagne de la vampire (Sarah, médecin qui lutte, justement, contre le vieillissement...) le rejoindra dans l'agonie éternelle. Les premières images du film montrent deux singes qui se dévorent vivants... *Innocent Blood* présente une gentille vampire (interprétée par Anne Parillaud) en lutte contre une bande de gangsters-vampires et leur chef qu'elle a elle-même vampirisé (1992).

Werner Herzog a fait des émules dans l'allégorie politique à partir de l'action du vampire. En 1972, l'allemand H. W. Geissendorfer réalise : *Jonathan (le dernier combat contre les vampires)*. Là, Dracula est carrément assimilé à Hitler. Les premières scènes montrent la perquisition grossière des agents du vampire chez un opposant, manières assimilables à celles de la Gestapo. Le nazisme n'avait-il pas fasciné certains par son sadomasochisme (voir le film *Portier de nuit*) ? Le film de Paul Morrissey, *Du Sang pour Dracula* (1974), lance également un message politique. Le comte Dracula, fatigué et usé, ne peut survivre qu'en suçant le sang des vierges. Il se rend en Italie (où il croit qu'elles sont plus nombreuses) et s'installe dans une famille dont la mère veut lui offrir une de ses filles en mariage. Hélas ! le domestique de la maison, un beau jeune homme (d'opinion nettement communiste), les a toutes déflorées... Et, finalement il exécutera Dracula, mettant ainsi fin au règne du saigneur...

Le cinéaste canadien David Cronenberg renouvelle complètement le mythe avec son film *Rage* (1976) dans lequel une jeune femme qui a subi une greffe de la peau et une transfusion sanguine se transforme physiquement et ne peut que se nourrir de sang à l'aide d'un appendice nouveau qui lui a poussé sous le bras et qui ressemble à un phallus... Elle pompe le sang de ses victimes en les serrant dans ses bras... En le faisant, elle leur transmet une rage contagieuse. En parlant de son film, David Cronenberg a déclaré : « *Je me souviens avoir vu le Dracula de la Hammer quand j'étais gosse. Ils avaient accentué à fond les éléments sexuels... J'étais très ému par cette découverte.* »

L'actualité politique, dans la fin des années quatre-vingt, se chargea de remettre sur scène le pays des vampires. Les évènements de Roumanie de l'hiver 1989 : l'effondrement d'un régime épouvantable, les scènes (aujourd'hui nous savons qu'il s'agissait, justement, de mise en scène) des cadavres de Timisoara, l'exécution médiatisée des époux Ceausescu, tout cela, par l'intermédiaire du petit écran de la télévision, a remis au goût du jour les histoires de vampires, car ces images étaient vues au travers de l'inconscient collectif porteur du Dracula, "autorité" (un comte, un seigneur, un saigneur) qui pompe notre énergie psychique, Ombre Jungienne du Moi. Cela me rappelle une pitoyable tentative allant dans ce sens avec un film télé réalisé par Stuart Gordon, *La Légende des ténèbres* (1989), dans lequel joue Anthony Perkins. L'action se passe en Roumanie, sous le régime de Ceaucescu. Les vampires sont installés dans les caves d'immeubles de Bucarest. Ils ne sucent pas le sang en perçant les veines avec leurs dents, mais avec l'extrémité de leur langue... La peste brune est devenue rouge.

Puis, il nous faut bien aussi en parler, nous avons du mauvais : en 1986, Tobe Hooper réalise *Les vampires de Salem* d'après un roman de Stephen King (le vampire est carrément copié sur Nosferatu...) ; du bien meilleur avec, en 1987, *Vampire vous avez dit vampire* ? de Tom Holland et sa suite réalisée en 1988.

The Addiction (1996) d'Abel Ferrara, mets le discours philosophique au service du vampirisme dans un film en noir et blanc, mais pas un noir et blanc contrasté comme dans les films expressionnistes, un noir et blanc tout en grisailles comme *Vampyr* (1932) de Carl Th. Dreyer.

Enfin, nous avons pu nous régaler avec *Vampires* (1997) de John Carpenter, *Blade* (1998) de Stephen Norrington (et ses suites), *Underworld* (2003) de Len Wiseman, *Van Helsing* (2004) de Stephen Sommers.

Le vampire est un mort-vivant, il y a donc toutes les histoires de morts-vivants... Aucune n'a encore égalé le fameux film (aujourd'hui mythique) de George Romero : *La Nuit des morts-vivants*, réalisé en 1968 (voir chapitre des chefs-d'œuvre). On s'éloigne des vampires, mais c'est un très grand film en noir et blanc. Lors de la séance au CNP de Lyon où je suis allé le voir à sa sortie, j'y ai vu un vampire parmi les spectateurs : un homme, les yeux exorbités, voyait ce film pour la septième fois ! Alors qu'à moi, il était apparu comme insoutenable la seule fois où je l'ai vu. (Je me suis endurci depuis...)

Enfin, il y a les films dans lesquels on parle de vampires ou de quelque chose d'approchant comme dans *Histoires de fantômes chinois,* très beau film chinois. Dans *Predator,* le monstre invisible qui extermine les soldats dans la jungle n'est-il pas un peu vampire ? Et le psychiatre cannibale du *Silence des agneaux,* magistralement interprété par Anthony Hopkins (qui interprétera Van Helsing dans le Dracula de Coppola), n'est-il pas également un vampire ?

Dracula

Portrait des principaux protagonistes du roman

Jonathan Harker.

Vient de réussir son examen de *"solicitor"* (mélange de notaire et d'avoué) et travaille au cabinet de Peter Hawks. Celui-ci l'envoie chez le comte Dracula en Transylvanie, dans les Carpates. Ce dernier veut acquérir une propriété à Londres : le domaine de Carfax. "Carfax est une forme corrompue du vieux français : quatre faces. La maison tourne chacun de ses côtés en direction d'un point cardinal. Maison moyenâgeuse jouxtant une ancienne église. Cette maison se trouve à proximité d'un asile d'aliénés (celui de John Seward).
Voici comment Peter Hawks décrit Jonathan dans une lettre adressée au comte Dracula : "Il s'agit d'un jeune homme, débordant d'énergie et de talent, à sa manière, et dont les dispositions ne sont plus à prouver. Il est discret, presque taciturne et a, sans exagération, grandi dans mon service."
Jonathan est, en effet, un jeune intellectuel qui a un solide estomac. Lors de son voyage vers le château du vampire, ses repas sont pour le moins lourds à digé-

rer.

À Klausenburg, après avoir "soupé" d'un poulet au poivre rouge (paprika hendl) qui lui donne soif toute la nuit, il prit, au petit déjeuner : "mamaliga" (sorte de porridge au paprika) et des aubergines farcies ("délicieuses, appelées impletata").

Il avale tout en vitesse (!) pour aller prendre le train...

À Bistritz, au pied du col de Borgo (où la voiture du comte viendra le chercher) qui mène en Bukovine, pays de Dracula, il mange (toujours le soir !) : le steak du brigand ("lard, oignon et boeuf, assaisonnés de poivre rouge, piqués sur des bâtonnets et rôtis à la flamme") arrosé de vin (Madiash Doré). Cela n'est pas étonnant qu'il dorme mal !

Par contre, il ne boira pas la *"slibovitch"*, alcool de prune assez fort que lui propose l'infernal cocher de Dracula, en réalité le comte lui-même.

Arrivé au château, il y sera séquestré par Dracula et les trois femmes vampires, harem du comte, essaieront de le vampiriser.

Pendant la journée, Jonathan est suffisamment courageux pour escalader le mur du château et aller dans la crypte où repose le vampire dans son cercueil plein de terre. Il réussit à s'évader.

Recueilli par des nonnes, il épouse sur son lit d'hôpital à Budapest, Wilhelmina (Mina) Murray le 24 août (l'année n'est jamais précisée). Mina a laissé seule son amie Lucy pour rejoindre son fiancé.

À leur retour, Jonathan prend la succession de son patron après son décès.

À la fin, aidé de Quincey, il exécutera Dracula qui fuit vers son château, en présence de Mina qui est sous l'influence du vampire, de ses amis John Seward et Arthur Holmwood et du professeur Van Helsing.

Le comte Dracula.

Au XVème siècle, le comte Dracula repoussa les Turcs, "franchit le Danube pour aller battre le Turc sur leur propre terrain."
Il déclare lui-même à Jonathan : "Nous, les Szeklers, (...) dans nos veines coule le sang de maintes races courageuses. Les tribus engriennes d'Islande, les Huns ; le sang d'Attila coule dans ces veines."

Van Helsing raconte son histoire au fur et à mesure du déroulement de l'action.
"Le voïvode Dracula a gagné son surnom pendant la guerre contre les Turcs.
... On l'a considéré comme un homme supérieurement intelligent, rusé, comme le plus vaillant des fils habitant le pays "par-delà la forêt". Cet esprit supérieur et cette résolution que rien ne peut ébranler, il les a emmenés dans la tombe.
... (Les Dracula) auraient appris des secrets infernaux à Scholomance, parmi les montagnes qui dominent le lac d'Hermanstadt où le diable estime détenir des droits sur un dixième de ses disciples.
... Un esprit supérieur, une érudition au-delà de toute comparaison, un cœur qui ne connaissait pas plus la peur que le remords."

Et voici comment Jonathan le décrit lorsqu'il le voit pour la première fois : "Son visage donnait une impression de force, avec son nez fin aquilin, des narines particulièrement larges, un front haut et bombé, des cheveux qui se clairsemaient aux tempes, mais, ailleurs, épais et abondants. Les sourcils, massifs, se

rejoignaient presque à l'arête du nez et paraissaient boucler, tant ils étaient denses. La bouche, pour autant que je puisse l'entrevoir sous l'épaisse moustache, présentait quelque chose de cruel, sans doute en raison des dents éclatantes et particulièrement pointues. Elles avançaient au-dessus des lèvres elles-mêmes dont le rouge vif soulignait une vitalité étonnante chez un homme de cet âge. Les oreilles étaient pâles et se terminaient en pointes. Le menton paraissait large et dur et les joues, malgré leur maigreur, donnaient toujours une impression d'énergie. L'impression générale était celle d'une extraordinaire pâleur.
"... Étrange constatation aussi, je remarquais des poils au milieu des paumes.
"Le comte a l'haleine fétide..."

Et Van Helsing, presque à la fin du roman, alors que les héros poursuivent le monstre, explique en détail ses forces et ses faiblesses : "Nosferatu (c'est-à-dire Dracula) ne meurt pas comme l'abeille, dès qu'il a frappé. Bien au contraire, son forfait accompli, il est plus fort encore, dispose d'une puissance accrue pour perpétrer le mal.
"... Il tire aussi de nombreuses ressources de la nécromancie, soit... la divination par le biais des morts. D'ailleurs, tous les morts dont il peut s'approcher s'inclinent devant lui et se mettent à son service. Il est brutal... Il est vicieux...
"Dans certaines limites... il peut apparaître où il veut et sous la forme qu'il désire. Il peut aussi se rendre maître de certains éléments - la tempête, le brouillard, le tonnerre. Il peut commander à des créatures inférieures...
"Il peut grandir et se rapetisser...

"Il continue son existence aussi longtemps qu'il peut se gorger du sang des vivants. "Mieux... il rajeunit, reprend des forces.

"... il ne projette pas d'ombre... et... ne se reflète pas dans le miroir... Il peut se transformer en loup. Il peut prendre la forme d'une chauve-souris. Dans les rayons de lune, il arrive sous forme de grains de poussière... Il peut voir dans le noir.

"Il ne peut pas entrer spontanément quelque part : quelqu'un doit en effet l'inviter à entrer dans la maison. Dans la suite, nul ne pourra l'empêcher d'entrer. Ses puissances cessent... au moment du jour.

"Certains éléments l'indisposent au point de lui arracher tout pouvoir:... l'ail... (le) crucifix... Une branche de rosier sauvage posé sur son cercueil lui interdit de quitter sa tombe..."

Le jour, il dort allongé dans un cercueil plein de terre. La nuit...
Il vit, très vieux, dans un château en compagnie de trois femmes vampires qui se matérialisent dans les rayons de lumière blafarde de la lune. Il rampe le long des murs comme un lézard.
Alors que Jonathan est prisonnier dans son château, Dracula se fait emmener par des Tziganes jusqu'au port de Varna où il embarque sur un navire russe. Tout l'équipage meurt pendant le voyage. Le bateau accoste à Whitby (Angleterre). Lui et ses caisses de terre - dans l'une d'entre elles, il dort - sont livrées à Londres dans la maison de Carfax par une société de transports.
Lors de son court séjour à Whitby, il commence à vampiriser Lucy profitant de ses crises de somnambulisme.

"Dans l'esprit d'enfant qui est le sien, déclare Van Helsing, il avait depuis longtemps conçu l'idée de venir dans une grande ville... Il est venu à Londres envahir un pays nouveau."

Le comte Dracula meurt, une épée enfoncée dans le coeur et la tête coupée par Jonathan et Quincey.

Wilhelmina Murray, puis, épouse Harker (Mina...)

C'est, au début, la fiancée de Jonathan, puis son épouse. Le personnage principal du roman, après Dracula.
Elle étudie assidûment la sténographie pour aider Jonathan dans son travail. Cela lui servira à rédiger son journal, noeud principal, articulation du roman.
Elle attend le retour de Jonathan (qui se trouve chez Dracula), assise au milieu des tombes des marins face à la mer, à Whitby où elle s'est rendue avec Lucy. Un vieil ivrogne lui raconte que presque toutes les tombes sont vides, car les marins sont morts en mer.
Elle épouse Jonathan à Budapest.
Dracula la vampirise (contre son gré, contrairement au scénario du film de Coppola) en s'introduisant dans l'asile du Dr Seward où elle loge alors avec son mari et tous ses amis, chasseurs de vampire. C'est Renfield qui invite Dracula à entrer.
Une hostie posée sur son front par Van Helsing y laissera une brûlure indélébile, signe de l'état de vampire qui envahit petit à petit la jeune femme. Cette cicatrice disparaîtra après la vraie mort de Dracula.
Elle manifeste une volonté farouche de ne pas se laisser emporter par l'esprit du vampire en fuite vers son

château. Elle demande à Van Helsing de l'hypnotiser pour qu'elle dise ce que fait Dracula ; mais, par la même occasion, celui-ci apprend les faits et gestes des hommes qui le pourchassent. Ils doivent alors tenir Mina ignorante de leurs plans.

En épilogue, elle aura un enfant de Jonathan et Van Helsing dira : "Ce gaillard saura un jour quelle mère courageuse il a ! Déjà, il connaît sa tendresse et son amour. Plus tard, il comprendra que plusieurs hommes l'ont aimée au point d'oser, pour son salut, ce qu'ils n'auraient jamais osé autrement."

C'est vrai, la courageuse Mina méritait bien cela, plutôt que l'horrible amour de Nosferatu, comme l'a inventé Coppola dans son film, affadissant plutôt que modernisant le thème développé par Murnau en 1922.

Lucy Westenra.

Très belle et douce jeune femme. Très séduisante. Amie de Mina Murray.

Courtisée par trois hommes qui l'ont demandée en mariage le même jour : le docteur Seward, Quincey P. Morris et Arthur Holmwood.

C'est ce dernier qui aura sa préférence... Les trois hommes sont très amis.

Mina parle souvent de son amie dans son journal : "Lucy, ce jour (le 1er août) paraissait merveilleusement charmante, avec sa robe de baptiste blanche ; depuis qu'elle est ici, elle a pris un teint superbe...

"D'ailleurs, elle est d'une gentillesse telle...

"Lucy est si douce, si sensible qu'elle ressent certaines influences avec plus d'acuité que les autres." (Ce n'est pas la Lucy, belle putain, du film de Coppola...)

À Whitby, lors de son séjour avec Mina, elle reprend

ses crises de somnambulisme à l'approche de Dracula dans son bateau.

Elle se fait vampiriser la première fois au cimetière de Whitby qui fait face à la mer. Cardiaque, sa mère qui dormait avec elle pour l'accompagner dans son sommeil agité meurt lors d'une visite de Dracula. Pour tenter de sauver Lucy exsangue, tous les hommes lui donnent de leur sang par transfusion (bon appétit Dracula !)

Plus tard à Londres, elle deviendra vampire elle-même. Elle sera exorcisée dans sa tombe par ses trois amoureux et le Dr Van Helsing : pieu enfoncé dans le coeur (et laissé planté) et tête tranchée ; bouche bourrée d'ail.

Au pied de son cercueil, Van Helsing explique : "Un vampire l'a mordue quand elle était en état d'hypnose - crise de somnambulisme... Et quand elle était en transe, il pouvait, bien entendu lui sucer le sang avec plus de facilité ! Elle est morte en état d'hypnose et elle est toujours en état d'hypnose dans son état de non-morte."

Après la séance d'exorcisme, John Seward la décrit : "Dans le cercueil ne gisait plus l'odieuse Chose que nous nous étions pris à haïr au point que l'anéantir était devenu un privilège pour celui que nous avions choisi, mais bien Lucy telle que nous l'avions connue dans sa trop courte vie, avec son visage d'une douceur et d'une pureté sans égale."

Arthur Holmwood.

Fiancé de Lucy depuis le 24 mai. Absent de Londres pendant la vampirisation de la jeune fille, car il a été

obligé de se rendre au chevet de son père mourant.
À la mort de son père et de Lucy, il revient pour participer à toutes les aventures de nos héros... Il devient Lord Godalming après le décès de son père. Sa richesse, ainsi que celle de ses amis, joue un très grand rôle comme le souligne Mina à la fin du livre, lors de la poursuite de Dracula : "Les voir agir m'a aussi fait réfléchir sur la merveilleuse puissance de l'argent ! Que ne peut-il, employé à bon escient ? Quelle menace, entre des doigts intelligents ! Je suis si heureuse que Lord Godalming soit si riche, de même que Mr Morris, et qu'ils dépensent tous deux aveuglément pour notre cause ! Sans leur générosité, notre petite expédition n'aurait pu partir si rapidement et si bien munie..."

Quincey P. Morris.

Amoureux de Lucy qui ne partage pas cet amour.
C'est Lucy qui en parle le plus : "Un bien gentil garçon... Si jeune, si innocent qu'il est impossible qu'il ait déjà visité tant de lieux... Très bien éduqué et ses manières sont exquises..."
Et John Seward le décrit également : "Quincey Morris restait ce qu'il était : un flegmatique qui accepte tout, dans un esprit de froide détermination, bien que prêt au pire."
Cet Américain du Texas sera tué lors du dernier combat contre Dracula.

Docteur John Seward.

Amoureux de Lucy qui ne partage pas cet amour.

Directeur de l'asile d'aliénés situé à côté de Carfax, il ne craint pas d'utiliser le chloroforme ("moderne Morphée", dit-il), pour se "calmer" quand cela va mal...
Lucy le décrit ainsi : "Un homme à la mâchoire puissante et au front haut... à la droiture exemplaire."
Il tente de soigner Lucy qui souffre d'un "mal" étrange.
Ami de longue date de Van Helsing.
Un de ses patients est Renfield.

R.M. Renfield.

Un patient du Dr Seward, interné dans son asile d'aliénés. John Seward en parle souvent dans son journal enregistré au phonographe : "Tempérament sanguin, énorme force physique, terriblement excitable. Périodes de dépressions qui se terminent en idées fixes... Je l'appellerai un maniaque zoophage."
Il mange des mouches ; en attrape pour nourrir des araignées avec lesquelles il nourrit des moineaux. Comme Seward ne veut pas lui donner un chat (pour manger les moineaux) il finit par les manger lui-même et en fait une indigestion.
Il est subjugué par Dracula. Dans une scène très intense, très émouvante du roman, il tente de convaincre le Dr Seward et le Pr Van Helsing de le libérer le soir même quand Mina est hébergée dans les appartements du directeur de l'asile. Seward refuse, car Renfield ne donne pas d'explication rationnelle. Or, le malade mental sait que, subjugué par Dracula, il invitera celui-ci à entrer dans l'asile où il pourra alors s'occuper de Mina.
Il meurt, exécuté dans sa cellule par Dracula. (Cette

scène est ridiculement westernienne dans le film de Coppola...)

Professeur Abraham Van Helsing.

Parfois appelé professeur, parfois docteur. Il porte le même prénom que Stoker...
Autrefois, il fut sauvé de la mort par le docteur Seward. Il exerce à Amsterdam.
De nombreux personnages du roman le décrivent.
John Seward : "Au premier abord, cet homme semble très tyrannique, mais cette tyrannie est due au fait qu'il sait mieux que quiconque ce dont il parle.
"... C'est un philosophe, métaphysicien, un des hommes de science les plus avancés de cette époque, un de ces rares hommes qui, en dépit de son monstrueux savoir, ait gardé un esprit ouvert. Ajoutez à cela des nerfs d'acier, un tempérament que rien ne vient briser, une résolution indomptable, une maîtrise de soi, une tolérance sans pareille et enfin, un coeur d'or..."
Voilà un portrait bien plus flatteur que celui de Coppola qui fait de Van Helsing un gros bon vivant paillard. Il est vrai qu'il a fait aussi de Lucy une putain...
Appelé par Seward, Van Helsing se rend à Londres au chevet de Lucy.
Au tour de Mina Harker de faire son portrait : " C'était un homme de taille moyenne, bâti en force - larges épaules, poitrine puissante. La forme de son visage aussi bien que son allure désignent immédiatement un personnage débordant d'énergie et de vitalité. Tête noble harmonieuse - elle frappe, vraiment. Le visage, rasé de près, (le Van Helsing de Coppola est toujours mal rasé...) présente un menton dur et carré,

une grande bouche toujours en mouvement un nez assez droit, mais avec des narines sensibles, toujours palpitantes, qui paraissent s'ouvrir lorsque les sourcils broussailleux se rapprochent et que la bouche se ferme. Le front est haut et harmonieux ; il s'élève d'abord tout droit puis semble fuir entre deux protubérances assez éloignées l'une de l'autre. Un front tel que les cheveux roux ne peuvent pas retomber devant - aussi sont-ils tirés en arrière et sur les côtés. De grands yeux bleu sombre assez écartés l'un de l'autre, vifs, tendres ou durs selon l'humeur du personnage."

Il préparera la bataille contre le vampire en rendant "inhabitables" les nombreux cercueils pleins de terre que Dracula avait répartis en plusieurs lieux de Londres. Organisera (avec l'aide de Mina en relation psychique avec Dracula) la poursuite et l'exécution du comte.

Van Helsing personnifie la connaissance au service de la lutte contre le mal...

Vampires français

Les vampires ont inspiré de nombreux écrivains de langue française, et non des moindres, bien que, dans ce domaine, on parle plus complaisamment des écrivains anglo-saxons. Mais, si ce chaître est titré « Vampires français », tous ces vampires créés par des écrivains de langue française ne sont pas des Français justement, mais Moldaves, Russes, Lithuaniens, Anglais, Brésiliens, Italiens ou Espagnols, voire Martiens...
Mais, dans le domaine du vampirisme, n'est-ce pas le lien du sang qui détermine la nationalité ? Ces vampires restent donc finalement Français, comme leur père et mère....

Lord Ruthwen
(« Lord Ruthwen ou Les Vampires », Cyprien Bérard, 1820)
Lord Ruthwen est un personnage de Polidori, soit ! Mais, Cyprien Bérard en fit une adaptation française. Or, ce personnage est à la source du mythe littéraire du vampire. Un homme de pouvoir et de sang...
« Le génie du mal ne meurt jamais pour le crime, et tel est l'horrible privilège d'un vampire ; (...) On court enfin au lieu où l'on avait déposé le corps de l'infâme Ruthwen, la terre est soulevée, la tombe s'ouvre ; ô surprise !... Une hideuse pâleur couvre le visage de l'odieux cadavre ; mais par un contraste miraculeux, il offre des vestiges sanglants de la vie. Ses yeux pétillants brillent d'une affreuse expression, ils lancent des

traits de feu et ses lèvres rouges de sang s'agitent, se tournent, et semblent se repaître encore d'une effroyable pâture. (...) Le prince (...) ordonne que, pour prévenir de nouvelles calamités, un fer brûlant crève les yeux et traverse le cœur du monstre.
Après cette exécution la mort cessa ses ravages. »

Clarimonde
(« La Morte amoureuse », Théophile Gautier, 1836)
« Oh ! comme elle était belle ! (...) Elle était assez grande, avec une taille et un port de déesse ; ses cheveux d'un blond doux se séparaient sur le haut de sa tête et coulaient sur ses tempes comme deux fleuves d'or ; on aurait dit une reine avec son diadème ; son front, d'une blancheur bleuâtre et transparente, s'étendait large et serein sur les arcs de deux cils presque bruns, singularité qui ajoutait encore à l'effet de prunelles vert de mer d'une vivacité et d'un éclat insoutenables. Quels yeux ! avec un éclair ils décidaient de la destinée d'un homme ; ils avaient une vie, une limpidité, une ardeur, une humidité brillante que je n'ai jamais vues à l'œil humain ; il s'en échappait des rayons pareils à des flèches et que je voyais distinctement aboutir à mon cœur. Je ne sais si la flamme qui les illuminait venait du ciel ou de l'enfer, mais à coup sûr elle venait de l'un et de l'autre. (...) Des dents de la plus belle eau scintillaient dans son rouge sourire, et de petites fossettes se creusaient à chaque inflexion de sa bouche dans le satin rose de ses adorables joues. Pour son nez, il était d'une finesse et d'une fierté toute royale, et décelait la plus noble origine. Des luisants d'agate jouaient sur la peau unie et lustrée de ses épaules à demi découvertes, et des rangs de grosses

perles blondes, d'un ton presque semblable à son cou, lui descendaient dur la poitrine. »

Ouf ! Bandant non ? Et c'est cette merveilleuse personne qui s'offre à la vue de notre malheureux Romuald au moment de son ordination !

Et voilà ! il ne pourra plus jamais se débarrasser de cette vision d'amour... Un jour, le prêtre Romuald est appelé au chevet d'une mourante dont l'image hante ses pensées depuis le jour de son ordination...

« C'était en effet la Clarimonde telle que je l'avais vue à l'église le jour de mon ordination, elle était aussi charmante, et la mort chez elle semblait une coquetterie de plus. »

Mais, ce n'est pas la première fois que meurt cette belle qui loge dans le beau palais Concini. Romuald la reverra...

Un jour, en sa présence, il se coupa le doigt : « Le sang partit aussitôt en filets pourpres, et quelques gouttes rejaillirent sur Clarimonde. (...) Elle sauta à bas du lit avec une agilité animale, une agilité de singe ou de chat, et se précipita sur ma blessure qu'elle se mit à sucer avec un air d'indicible volupté. Elle avalait le sang par petites gorgées, lentement et précieusement, comme un gourmet qui savoure un vin de Xérès ou de Syracuse. »

Mais Dieu veille par l'intermédiaire de l'abbé Sérapion qui emmène Romuald sur la tombe de Clarimonde pour qu'il la voie telle qu'elle est.

Après ouverture de la sépulture, Romuald aperçut « Clarimonde pâle comme un marbre, mains jointes ; son blanc suaire ne faisait qu'un seul pli de sa tête à ses pieds. Une petite goutte brillait comme une rose au coin de sa bouche décolorée. » Grâce à l'eau bénite, le beau corps de Clarimonde « ne fut plus qu'un mélange affreusement informe de cendres et d'os à demi calcinés. »

Kostaki
(« Histoire de la dame pâle », Alexandre Dumas, 1849)
«... Un jeune homme de vingt-deux ans à peine, au teint pâle, aux longs yeux noirs, aux cheveux tombants bouclés sur les épaules. Son costume se composait de la robe moldave garnie de fourrures et serrée à la taille par une écharpe à bandes d'or et de soie. »
Le portrait ci-dessus est celui du futur vampire, car dans le château des Brankovan situé dans les Carpates, on connaît bien cette malédiction : « Oui, dans mon enfance, j'ai vu déterrer, dans le cimetière d'un village appartenant à mon père, quarante personnes mortes en quinze jours sans que l'on pût deviner la cause de leur mort. Dix-sept ont donné tous les signes du vampirisme, c'est-à-dire qu'on les a retrouvés frais, vermeils et pareils à des vivants ; les autres étaient leurs victimes. » Raconte Grégoriska, le demi-frère de Kostaki. Ce dernier vient vampiriser celle qu'il aima de son vivant.
«... Ma porte s'ouvrit lentement sans bruit, comme poussée par une force surnaturelle, et alors... j'aperçus Kostaki, pâle comme je l'avais vu sur la litière ; ses longs cheveux noirs, épars sur ses épaules, dégouttaient de sang ; il portait son costume habituel ; seulement, il était ouvert sur sa poitrine et laissait voir une blessure saignante.
« Tout était mort, tout était cadavre... chair, habits, démarche... les yeux seuls, ces yeux terribles étaient vivants. »

Cette nouvelle de Dumas nous permet de découvrir une nouvelle méthode de protection contre les vampires : « Prends un peu de cette terre imprégnée de son sang et applique-la sur la morsure qu'il t'a faite ; c'est le seul moyen de te préserver dans l'avenir de son horrible amour. »

Ton ami, le vampire
(« Chants de Maldoror », Isidore Ducasse, Comte de Lautréamont, 1868)
« On doit laisser pousser ses ongles pendant quinze jours. Oh ! qu'il est doux d'arracher brutalement de son lit un enfant qui n'a rien encore sur la lèvre supérieure, et, avec les yeux très ouverts, de faire semblant de passer suavement la main sur son front, en inclinant en arrière ses beaux cheveux ! Puis, tout à coup, au moment où il s'y attend le moins, d'enfoncer les ongles longs dans sa poitrine molle, de façon qu'il n'en meure pas ; car, s'il mourait, on n'aurait pas plus tard l'aspect de ses misères. Ensuite, on boit le sang en léchant les blessures ; et, pendant ce temps, qui devrait durer autant que l'éternité dure, l'enfant pleure. Rien n'est si bon que son sang, extrait comme je viens de le dire, et tout chaud encore, si ce ne sont ses larmes, amères comme le sel. Homme, n'as-tu jamais goûté de ton sang, quand par hasard tu t'es coupé le doigt ?
« (...) Nourris-toi avec confiance des larmes et du sang de l'adolescent. Bande-lui les yeux, pendant que tu déchireras ses chairs palpitantes ; et, après avoir entendu de longues heures ses cris sublimes, semblables aux râles perçants que poussent dans une bataille les gosiers des blessés agonisants, alors, t'ayant écarté comme une avalanche, tu te précipiteras de la

chambre voisine, et tu feras semblant d'arriver à son secours.

« (...) Toi, jeune homme, ne te désespère point ; car tu as un ami dans le vampire, malgré ton opinion contraire. »

Comte Szémioth
(« Lokis », Prosper Mérimée, 1869)
Le comte Szémioth naquit quelques mois après que sa mère fut enlevée par un ours énorme. Celui-ci fut tué par les chasseurs et la dame sauvée. Mais elle devint folle...
Le comte est « un très grand et beau jeune homme, en robe de chambre boukhare, et tenant à la main une longue pipe turque » dont les animaux ont peur : « Le chien sautait gaiement et semblait plein de feu ; mais à quelques pas du comte il mit la queue entre les jambes, se rejeta en arrière et parut frappé d'une terreur subite. »
« Pourquoi les animaux ont-ils peur de moi ? » Questionne-t-il.
Sa future épouse et... victime possède « une peau d'une blancheur vraiment extraordinaire... » ce qui rappelle au narrateur un ghazel persan où un amant célèbre la finesse de la peau de sa maîtresse : « Quand elle boit du vin rouge, on le voit passer le long de sa gorge. »
Lors d'un repas, le narrateur raconta comment, lorsqu'il voyagea en Uruguay, il faillit mourir de faim s'il n'avait utilisé le moyen des gauchos pour survivre : « Saigner mon cheval et boire son sang. » Ce qui intéressa fort le comte...
Une nuit que Szémioth dormait dans le même salon que le narrateur, il parla en rêvant et en mordant sau-

vagement son coussin : « Bien fraîche !... bien blanche !... Le professeur ne sait ce qu'il dit... Le cheval ne vaut rien... quel morceau friand !... »
Le comte Szémioth épousa la belle Julienne Iwinska. Et en guise de nuit de noces, celle-ci connut une mort atroce...

Le Horla
(« Le Horla », première version, Guy de Maupassant, 1886)
Extrait d'un fragment de journal provenant de Rio de Janeiro : « Les habitants de plusieurs villages se sont sauvés, abandonnant leurs terres et leurs maisons et se prétendant poursuivis et mangés par des vampires invisibles qui se nourrissent de leur souffle pendant leur sommeil et qui ne boiraient, en outre, que de l'eau et quelque fois du lait ! » Et le narrateur d'ajouter :
« Quelques jours avant la première atteinte du mal dont j'ai failli mourir, je me rappelle parfaitement avoir vu passer un grand trois-mâts brésilien avec son pavillon déployé... » Or, sa maison était située au bord de la Seine, « à Biesnard, auprès de Rouen, (au bord) d'un des plus beaux fleuves du monde. »
Les symptômes du mal dont souffre la victime du Horla montrent bien une perte de substance vitale :
« Figurez-vous un homme qui dort, qu'on assassine, et qui se réveille avec un couteau dans la gorge ; et qui râle couvert de sang, et qui ne peut plus respirer, et qui va mourir, et qui ne comprend pas — voilà ! »
Un jour, la victime le vit, celui qu'il a baptisé Le Horla sans savoir pourquoi.
« ... soudain je sentis qu'il lisait par-dessus mon épaule, qu'il était là, frôlant mon oreille.

« Je me dressai, en me tournant si vite que je faillis tomber. Et bien !... On y voyait comme en plein jour... et je ne me vis pas dans la glace ! Elle était vide, claire, pleine de lumière. Mon image n'était pas dedans... Et j'étais en face...Je voyais le grand verre, limpide de haut en bas ! Et je regardais cela avec des yeux affolés, et je n'osais plus avancer, sentant bien qu'il se trouvait entre nous, lui, et qu'il m'échapperait encore, mais que son corps imperceptible avait absorbé mon reflet. »

Les Vampires martiens
(« La Guerre des Vampires », Gustave Le Rouge, 1909)
Fabuleuse planète rouge ! C'est de Mars que sont venus un jour les vampires... Invisibles, ils ne pouvaient que mieux se repaître de notre sang. Robert Darvel a fait leur connaissance sur la planète Mars, dans leurs grandes tours de verre.
«...Un autre tableau me montrait un Erloor dévoré lui-même par un être que je n'avais jamais vu dans Mars et qui était formé uniquement d'une tête énorme et de deux ailes ; sur une troisième figure, ce monstre était à son tour happé par une masse informe d'une grandeur hors de proportion avec les autres personnages. »
Ces Vampires sont invisibles, mais l'ingénieur Darvel s'est procuré un casque fait de matière translucide qui lui permet de les voir.
« Chaque niche du prodigieux Colysée de verre, sur lequel en ce moment Phobos et Deïmos épandaient leur radieuse clarté, était occupée par un monstre vaguement phosphorescent, une tête énorme, hideuse, entre deux ailes d'un blanc sale. Pas de corps et seulement en guise de mains, un fouillis de palpes ou de

suçoirs qui grouillaient à la base comme un paquet de serpents.

« Les yeux étaient larges et sans prunelle, le nez manquait et la bouche, à peine esquissée, était très rouge. (...) Cela me bouleversait qu'il pût exister des êtres invisibles dans cette planète que j'avais crue habitée uniquement par des sauvages inoffensifs ou de stupides Erloors.

Ces palpes, « organes au nombre de cinq de chaque côté, et que j'ai comparés plus haut à un paquet de vipères, étaient d'une force et d'une agilité extraordinaires. »

Ces êtres invisibles sont, à leur tour, la proie d'un énorme vampire qui règne sur la planète.

« J'avais devant moi un gigantesque, un monstrueux cerveau, auquel cette montagne, haute comme le Mont-Blanc, servait de boîte crânienne ! (...)... Le courant électrique de la forêt, transformé par quelque procédé inconnu, fournissait à cet extraordinaire amas de cellules l'énergie nerveuse, pendant que les Vampires dévorés renouvelaient sa provision de phosphore, une fois qu'elle était épuisée. »

Après de nombreuses aventures et la destruction des Vampires venus sur terre, « une légende s'est créée parmi eux ; ils affirment qu'un des Vampires a échappé au massacre et qu'il erre mélancoliquement dans la grande forêt khroumirienne. C'est à lui qu'ils attribuent la mort de leurs agneaux, les maladies de leurs enfants, et en général tous les faits inexplicables. Beaucoup assurent avoir entendu son ricanement désespéré résonner dans les solitudes, lorsque le pays est menacé de quelque malheur. »

Duchesse Opoltchenska

(« Le Gardien du cimetière », Jean Ray, 1919)
« Oh ! quelque chose d'atroce, d'épouvantable est passé... ! Là... contre la vitre, un visage d'enfer s'est collé... De terribles yeux vitreux, des yeux de cadavre, des cheveux d'un blanc de neige, hérissés comme des lances, et une bouche immense ricanant sur des dents noires, une bouche rouge comme du feu, ou comme du beau sang qui coule. »
La duchesse (« issue des pays mystérieux où l'on n'a pu nier l'existence des lémures et des vampires ») enterrée dans le cimetière de Saint-Guitton, vient chaque nuit vampiriser le narrateur.
« Quelque chose a froissé les vitres.
« Silence...
« La porte s'est ouverte très doucement.
« Quelqu'un ou quelque chose est entré dans la chambre.
« Quelle atroce odeur cadavéreuse !
« Des pas glissent vers ma couche...
« Et tout à coup, un poids formidable m'écrase.
« Des dents aiguës mordent ma plaie douloureuse et d'atroces lèvres glacées sucent goulûment mon sang.
« Avec un hurlement, je me redresse.
« Et un hurlement plus hideux que le mien y répond.
« Ah ! l'épouvantable vision, et comme il m'a fallu toute ma force pour ne pas défaillir !
« À deux pas de ma figure, le visage de cauchemar apparu jadis à la fenêtre, me fixe avec des yeux de flamme et, de la bouche, affreusement rouge, un filet de sang suinte. Mon sang. »
Comment oserais-je ajouter un seul mot au grand Jean Ray ?

Evelyn Grovedale.

(« La jeune vampire » de J.H. Rosny Ainé, 1920)
« À l'époque où je l'ai connue, elle était fantastiquement jolie. J'entends par là qu'il se joignait à sa beauté quelque chose d'extraordinaire, je devrais dire de surnaturel. D'abord, sa face était exactement aussi blanche que cette feuille de papier, ce qui aurait dû la rendre un peu effrayante. Pour une raison ou une autre, cela ne la rendait pas effrayante du tout. Au contraire, elle était "fascinating" comme disent nos voisins. Évidemment, ses yeux, ses cheveux et sa bouche rachetaient la pâleur excessive de la peau ; je ne sais pas ce qui était le plus tentant, ou le buisson de flamme qui poussait sur le crâne, ou les yeux pathétiques, immenses et dévorants, ou les lèvres aussi rouges que la fleur du balisier...
« Le matin du quatrième jour (après sa mort) on trouva Evelyn Grovedale ressuscitée. (...) On eût dit qu'Evelyn était double... »
Evelyn explique sa nouvelle... nature : « J'ai d'autres souvenirs... Ce sont des souvenirs d'un autre monde ! Ils sont là... à part — oh ! comme je les sens ! — et je ne peux pas les atteindre... J'ai peur de mon autre vie ! Je sens qu'il m'est arrivé, par-là, une aventure si épouvantable... que mon âme a dû partir. » Et, plus tard, elle apportera des explications complémentaires : «... j'ai été six mois là-bas... Il y avait toutes sortes d'êtres. Des êtres comme moi... comme j'étais là-bas ! Des êtres qui ressemblaient à des créatures humaines et qui cependant étaient différents. »
Lorsque son mari, très amoureux, embrasse cette très belle jeune femme, voilà ce qui se passe : «... leurs lèvres se cherchent dans un dévorant baiser. D'abord ce fut le délire. Tout s'effaça dans l'immense amour... Puis la faiblesse étrange que Bluewinkle connaissait

trop bien s'empara de sa chair et de son cerveau ; il se sentit défaillir... il n'eut que le temps de se dérober à l'étreinte...
« Alors, il vit distinctement, une pourpre humide qui débordait aux commissures des lèvres d'Evelyn, et des filets rouges sur les dents argentines : — Du sang ! s'écria-t-il... Mon sang ! »

El Chupador
(« Le Chupador », Claude Seignolle, 1960)
Il peint des chefs-d'œuvre avec le sang de Pierre Le Martroy qu'il prélève dans son corps chaque nuit à son insu.
« Ne laissant la moindre trace sur moi, ou autour de moi, mon sang fuit, s'évapore peu à peu... »
...
« Face à moi, crispées sur le bois du lit, les deux mains, déjà oubliées derrière une montagne de granit, sont là... grappins de doigts crochus jetés à l'abordage de mon calme.
...
«... j'ai le temps de voir, descendant du ciel de plâtre, semblable à une abjecte araignée au bout de son fil, une seringue trapue.
« Rapides, expertes, les mains vampires s'en emparent et me plantent en plein cœur son aiguille effilée comme un dard. »
...
«... on colporte qu'El Chupador, dont le nom signifie : suceur, travaille de curieuse façon : pour dessiner, il pique sa plume dans un carré d'étoffe mis en boule qu'il tient comme un encrier plein... on précise même que c'est un mouchoir de batiste... Il donne l'impres-

sion d'en tirer cette encre étonnante et inépuisable avec laquelle il nourrit son œuvre... »
Or, ce mouchoir, avec lequel Pierre essuya un peu de sang d'une coupure de la commissure de ses lèvres, fut offert à El Chupador comme salaire pour son travail...

Les nouveaux vampires de la SF

Le vampire est un personnage très ancien. On a vu qu'à la fin du Moyen Âge on y croyait encore si fort que l'Église avait chargé un prêtre, le révérend Dom Calmet, d'enquêter sur l'existence des vampires. Le rapport de son enquête est consigné dans deux volumes au titre évocateur : *Traité sur les apparitions des esprits et sur les vampires et les revenants de Hongrie, de Moravie, etc.* (1751) Le prêtre enquêteur avait conclu en leur inexistence. Auparavant était paru une autre étude consacrée aux vampires : *De masticatione mortuorum in tumulis* de Michaël Ranft (1728). Le titre signifie : « La Mastication des morts dans leur tombeau ». C'est qu'on trouvait parfois des morts qui ne l'avaient pas été, et qui étaient enterrés prématurément. Alors ils se réveillaient dans leur cercueil et faisaient moult bruit ce qui terrifiait les passants... Ces « grandes manifestations hystériques » de la première moitié du XVIIe siècle sont également à mettre au compte de la terreur des épidémies de peste.

Littérature et BD

Tout cela a, bien sûr, fini par être pris en compte par la fiction romanesque, voire même romantique. Il y a eu *La Morte amoureuse* de Théophile Gautier en

1836 et *Carmilla* de Le Fanu en 1871. Ce dernier inspira en partie Dreyer pour son film *Vampyr*, voir plus bas, mais aussi *Et mourir de plaisir* de Vadim (1960) et deux films de La Hammer : *The Vampire Lovers* de Ray W. Baker (1970) et sa suite *Les Sévices de Dracula* de John Hough (1971) dans lequel Dracula n'apparaît jamais ! Mais ces textes n'avaient pas de rapport structuré avec ces légendes. Et le premier à avoir fait méthodiquement le lien avec elles est Bram Stoker, avec son monumental ***Dracula***. Ce roman est si complet dans la mise au point du mythe du vampire, qu'il a imposé longtemps toute sa métaphysique et les traditions qu'il y a inventées... À partir de ce roman, on peut écrire un véritable manuel du chasseur de vampires. Et certains l'ont fait, par exemple, Constantin Gregory avec son *Manuel du chasseur de vampires* paru au Pré aux Clercs (2003).

À part les romans qui présentent le vampirisme comme une maladie, il faudra attendre longtemps avant que cette image du vampire, monstre de la nuit qui se nourrit de notre force vitale matérielle (le sang) devienne quelque chose d'autre.

Par exemple, c'est seulement en 1979 que Fred Saberhagen publie *Un vieil ami de la famille*, roman dans lequel il fait de Dracula une espèce de détective de l'étrange (dans un des romans de cette série, l'écrivain associe Dracula et Sherlock Holmes). Il y a eu des suites, et c'est Saberhagen que Francis Coppola choisira pour le scénario de son film *Dracula* (1992) qui fait de l'histoire de Bram Stoker une histoire d'amour romantique !

Un autre pas est franchi par Anne Rice qui, hélas, fait des vampires des êtres fragiles, voués aux remords et au ressentiment. Tout mystère disparaît, comme y fait allusion John Carpenter à propos de son film *Vampires* dans lequel les vampires, dit-il, ne sont pas des « vampires chochottes ». Il pensait sans doute à ceux d'Anne Rice qui a publié toute une série de romans vampiriques à cette sauce à partir du premier intitulé *Entretien avec un vampire*, qui a eu la chance d'être adapté à l'écran par Neil Jordan en 1994. C'est ce film qui a fait le succès des romans vampiriques de l'écrivain, succès pas vraiment mérité. Je préfère nettement la série d'Anne Rice sur les sorcières, qui sont des romans bien plus aboutis et bien moins commerciaux.

D'autres auteurs ont vraiment renouvelé le mythe du vampire. Par exemple, John Steakley avec son roman *Vampires* (1990) adapté au cinéma avec le même titre par John Carpenter (1997) dans lequel le vampire est un monstre inhumain et sans pitié. Le sous-titre de ce film est tout un programme : « Oubliez tout ce que vous avez déjà vu ». Un autre auteur a renouvelé le genre d'une autre manière : Withley Strieber avec son roman *Les Prédateurs* (1980) adapté par Tony Scott en 1983, et dans lequel le vampirisme est une maladie. Dommage que le cinéaste ait fait une telle erreur de casting en prenant Catherine Deneuve comme vampire.

Voilà en gros pour la littérature.

Ensuite la BD a pris la relève. Et comme on le sait, la BD n'a peur d'aucune invention. Elle a fait des vampires d'autres êtres, avec d'autres attributs. Elle en a fait des monstres issus de l'être humain qui le sont devenus pour bien des raisons différentes. Par exemple, comme le veut la tradition, par la morsure d'un vampire (mais qui a été le premier ?), ou par une maladie et celle qui est le plus à la mode à notre époque est la maladie produite par un virus.

Je ne suis pas un connaisseur de BD (voir notre dossier dans la rubrique BD), mais je le suis en cinéma. Or le cinéma a adapté bien des œuvres de la BD…

Les vampires de la SF au cinéma

Quand j'étais petit, j'ai été mordu par une espèce peu répandue de vampire. Un vampire extraterrestre qui avait besoin de sang pour se reproduire et qui sévissait dans une station polaire. C'était *La Chose d'un autre monde* de Christian Nyby (1951). Cette « chose » n'est jamais cataloguée dans la catégorie des vampires. Pourtant… Elle utilisait bien aussi l'espèce humaine comme nourriture. Bien que « végétale », elle était, comme le dit le vampire dans le film *Blade,* « au sommet de l'échelle alimentaire ». *La Chose d'un autre monde* est un film adapté de la nouvelle de John W. Campbell *La Bête d'un autre monde* (Who goes there ? 1938 autre titre : *The Thing*) publiée dans le recueil *Le Ciel est mort* (Robert Laffont 1992). John Carpenter a réalisé une autre adaptation de cette nouvelle avec son film *The Thing* (1982) dans lequel il accentue encore le côté vampirique de la Chose qui investit carrément le corps des êtres humains. Il y est aussi question de sang, car ce dernier prend une vie autonome quand il provient d'une personne infectée.

Donc, tout petit, j'ai été terrifié par cette chose. Puis, plus tard, au cinéma, j'ai vu *Dracula, prince des ténèbres* de Terence Fisher (1964). J'avais, hélas, raté le premier épisode : *Le Cauchemar de Dracula* (1958) du même Fisher, film que j'ai vu depuis. Ces films de la Hammer ont consacré une première grande évolution du vampire au cinéma. Ces films sont érotiques : les victimes de Dracula sont toutes de jolies femmes aux profonds décolletés ; ils sont aussi très violents : le sang coule et les morts sont nombreuses, les pieux s'enfoncent dans les poitrines, etc. Ce n'est rien de le dire aujourd'hui, mais à cette époque c'était une sacrée révolution ! Ces deux films de Terence Fisher seront suivis de nombreux autres : à chaque fois Dracula meurt à la fin et renaît au début du film suivant.

J'avais vu *Dracula* (1931) de Tod Browning, régi par le code Hays qui sévissait à Hollywood, code constitué par une liste de commandements que doivent respecter les réalisateurs (1930). Ainsi dans ce film on ne voit pas une goutte de sang, pas un baiser et pas les dents aiguisées du vampire. Auparavant, le Grand Dreyer avait réalisé *Vampyr* (1932) dans lequel le vampire est une vieille femme ! En fait, la première adaptation du *Dracula* de Stoker, fut le chef-d'œuvre *Nosferatu le vampire* de Murnau (1922). Mais Murnau n'avait pas acheté les droits à la veuve de Stoker qui lui a fait un procès et a fait détruire les copies du film ! Heureusement tout n'avait pas disparu et le film existe. Le tournage de ce film a fait lui-même l'objet d'un film : *L'Ombre du vampire* d'Elias Mehrige (2000). Ce film reprend la légende qui avait couru à propos de l'acteur qui jouait le vampire dans le film de Murnau où Dracula s'appelait Orlock, ten-

tative un peu minable de Murnau de camoufler son pillage de l'oeuvre de Stoker... Cet acteur était si effrayant qu'on avait dit qu'il était réellement un vampire. Il s'appelait Max Schreck. Werner Herzog a réalisé un remake du film de Murnau, *Nosferatu fantôme de la nuit* (1978) avec Klaus Kinski (Dracula) et Isabelle Adjani (Lucy Harker). La peste et les rats jouent un rôle important dans ces deux films.
Je n'ai pas vraiment aimé le *Dracula* de Tod Browning (1931), préférant nettement son *La Marque du vampire* (1935), même si ce vampire-là est un faux...
Puis, comme je l'écris plus haut, vinrent les adaptations cinématographiques de personnages de BD.
Le plus emblématique est *Blade*, avec déjà trois films : *Blade* de Stephen Norrington (1998) – *Blade 2* de Guillermo del Toro (2002) – *Blade Trinity* de David Goyer (2004). Ici nous sommes en pleine science-fiction. Le héros est mi-vampire mi humain. Il doit s'injecter régulièrement un produit pour lutter contre le virus qui fait les vampires. Les films sont très violents. Dans *Blade 2,* il y a une nouvelle race de vampires qui apparaît ; ces vampires ne se nourrissent que de... vampires !
Ensuite il y a les histoires qui réunissent les monstres emblématiques de la compagnie de cinéma Universal : Dracula, les loups-garous, voire même Frankenstein. C'est le cas avec le film *Van Helsing* de Stephen Sommers (2005) qui renoue avec la tradition des films Universal qui réunissaient ces monstres, le plus connu étant *La Maison de Dracula* de Erle C. Kenton (1945). Dans *Van Helsing* aussi, on est dans la SF, avec des machines complexes et des manipulations génétiques.

Enfin on retrouve la lutte entre les vampires et les loups-garous dans les deux films *Underworld* 1 et 2 de Len Wiseman (2003 et 2006), sous l'égide de la science avec ses virus, rétro ou non, ses manipulations génétiques et ses monstres.

Le pire de tous, celui qui montre des vampires tellement effrayants, est bien *30 jours de Nuit* de David Slade (2007), un film très cruel, qui présente les vampires comme des êtres impitoyables et d'une autre espèce que l'espèce humaine, avec un autre langage, dont le territoire se situe à l'intérieur du cercle polaire, là où la nuit dure 24 heures pendant de longs mois en hiver. Une autre histoire basée sur le même scénario a été réalisée, c'est *Tale of Vampires* d'Ander Banke (2006), un film suédois.

Non, ce n'est pas Anne Rice qui a renouvelé le vampire, mais bien la BD et ses adaptations cinématographiques...

Les vampires psychiques, vrais vampires SF ?

À ma connaissance le premier film à aborder le thème du vampire psychique est *La Planète des vampires* de Mario Bava (1965). Un vaisseau spatial atterrit sur une planète et ses passagers sont vampirisés par des entités présentes. D'aucuns affirment que Ridley Scott s'est inspiré de ce film pour *Alien, le 8e passager* (1979). Ce thème du vampire psychique a été beaucoup traité dans la littérature de SF (voir l'article d'Hervé Lagoguey sur ce thème chez Philip K. Dick).

Il s'agit souvent d'extraterrestres qui viennent nous vampiriser, soit en absorbant notre substance, soit en prenant notre place, etc. C'est le cas par exemple de *Marionnettes humaines* de Robert Heinlein (1951) adapté au cinéma par Stuart Orme en 1995 (*Les Maîtres du monde*), ou de *Body Snatchers* de Jack Finney (1955) adapté quatre fois à l'écran : *L'Invasion des profanateurs de sépulture* de Don Siegel (1956), *L'Invasion des profanateurs* de Philip Kaufman (1978), *Body Snatchers* d'Abel Ferrara (1993) et *Invasion* d'Oliver Hirschbiegel (2007). Dans tous ces cas les êtres humains sont vampirisés, leur substance vitale est soit complètement "mangée" comme dans *Body Snatchers*, ou soumise à une volonté extérieure comme dans *Marionnettes humaines*. Un autre film qui traite encore plus directement du vampirisme psychique est *Life Force* de Tobe Hooper (1985), le cinéaste *de Massacre à la tronçonneuse*. Pour moi le film culte dans ce domaine est *Les Envahisseurs de la planète rouge* de William Cameron Menzies (1953) qui utilise des décors expressionnistes pour raconter une histoire de vampirisme psychique. Tobe Hooper a réalisé un remake de ce film : *L'Invasion vient de Mars* (1986)

La « bit lit »

J'ai fait connaissance avec la Bit lit en lisant les romans de Laurell K. Hamilton, notamment les aventures d'Anita Blake, chasseuse de vampires. Puis Hamilton s'est dirigée vers la faërie avec une nouvelle détective : Merry Gentry.

Désormais c'est Charlaine Harris qui domine le genre avec son feuilleton adapté en série télé : *True Blood* , et aussi Stephenie Meyer dont l'œuvre a été adaptée au cinéma avec les quatre films *Twilight.*

Comme son nom l'indique en anglais (mais ce n'est pas évident) il s'agit d'histoires destinées aux jeunes filles et dans lesquelles se déroulent des histoires d'amour entre, généralement, un vampire mâle resté adolescent et une jeune fille adolescente elle aussi.

Le vampire n'est plus le monstre solitaire, mais il y a une société de vampires, qui côtoie des loups-garous, des métamorphes (qui se transforment en d'autres animaux), des sorcières, etc.

Et ce n'est pas à l'eau de rose ! C'est parfois très violent, très érotique, et, ma foi, c'est assez intéressant…

Nous voilà au bout de notre petit voyage dans le vampirisme en SF.

Monstres au féminin

fascination et horreur
Ou l'attrait de la nature maléfique...

À moins que ma mémoire ne me trahisse, le personnage féminin "monstrueux" n'a été mis en scène qu'assez tard dans l'histoire du cinéma.

Pourtant, la plupart des religions assignent à la femme un rôle négatif : source de tous les péchés de l'humanité pour les religions judéo-chrétiennes, et « objet » tentateur pour la religion musulmane.

Ainsi, la femme qui porte en germe en elle le péché, devient facilement la proie d'affreuses transformations.

Dans le côté sombre de la tradition judéo-chrétienne existe aussi une femme qui veut se venger de ne pas avoir été choisie par Dieu pour être la compagne de l'homme. Il s'agit de Lilith. Elle représente toutes les "perversions" sexuelles masculines qui peuvent se passer de la présence féminine...

Je vais ici aborder les monstres au féminin dans le cinéma que sont les sorcières, les vampires, les loups-garous et une ou deux autres transformations.

À mon sens tous ces personnages de la mythologie du fantastique ont un point commun, celui du retour à la nature de la chair humaine avec l'irruption de ses instincts libérateurs de la morale.

La sorcière

Les sorciers sont assez rares et souvent ce sont plutôt de braves types comme Merlin l'enchanteur ou le sorcier "blanc" du seigneur des anneaux... Il y a bien sûr quelques sorciers méchants, mais enfin, ils ne sont pas entrés dans le panthéon des personnages de l'horreur cinématographique...
Par contre les sorcières se partagent les rôles : le cinéma en montre des gentilles et des méchantes qui sont devenues célèbres...
La sorcellerie, une pratique qui date de l'antiquité, fut longtemps utilisée avec bienveillance, comme nous utilisons aujourd'hui la médecine ou la pharmacopée, mais qui devint une activité diabolique aux yeux de l'Église, à une époque du Moyen Âge...
Ces deux visions de la sorcière expliquent les deux manières dont ce personnage est traité par le cinéma.

Je commencerai par un film qui retrace tout simplement l'histoire de la sorcellerie et sa démystification. C'est une réhabilitation des "sorcières", et un rappel des terribles persécutions qu'ont subies bien des femmes pendant quelques siècles. Il ne faut jamais l'oublier.... Ce petit chef-d'oeuvre du cinéma muet est : *La Sorcellerie à travers les âges (Häxen)* de Benjamin Christensen (1922). On n'a jamais rien fait d'aussi exhaustif, d'aussi puissant et d'aussi démystificateur que ce film.
Ensuite nous avons deux films où l'amour et le sexe, la richesse sont les motivations des hommes. Dans le premier la sorcière revient pour assumer sa vengeance

de sorcière. Dans le second elle revient pour se venger d'une erreur « judiciaire »... Dans les deux cas elles sont interprétées par Barbara Steele, la plus merveilleuse comédienne du cinéma d'horreur. Bien qu'Irlandaise, elle a construit essentiellement sa carrière dans le cinéma italien. On l'a revue dans un film de David Cronenberg *Frisson* (1975) dans lequel un parasite s'introduit dans le corps des êtres humains et déchaîne chez eux une folie sexuelle inassouvie... C'est la période "entropique"[1] de Cronenberg, période dans laquelle je range le film *Rage* (1976) dont je parlerai plus loin...

Dans *Le Masque du démon* de Mario Bava (1961), Barbara Steele, la sorcière... est réveillée, enfin, revient à la vie par une goutte de sang tombée sur son squelette, le sang d'un voyageur curieux qui passait là devant son tombeau. Après ce qui apparaît comme un simple incident, le voyageur et son compagnon rencontrent la fille du châtelain, jouée également par Barbara Steele. Tout le film, plein de symbolismes dans les mouvements de caméra et les cadrages (mais aussi les décors), joue sur l'ambiguïté entre les deux personnages. Cet effet est encore plus accentué par le prologue extrêmement violent du film... Ce film est un des grands chefs-d'oeuvre du cinéma... Hélas il maintient cette idée que toute femme peut être une sorcière : ne vous fiez pas au apparences...

Ce cousinage avec le roman gothique (accentué par le noir et blanc) est poursuivi par d'autres réalisateurs italiens... avec notamment *La Sorcière sanglante* d'Anthony Dawson (1964) (Pseudonyme d'Antonio Margheriti), dans lequel le réalisateur joue à fond sur la méthode gothique pleine de trajets des personnages dans des couloirs, cryptes et escaliers. Une fois de plus la sublime Barbara Steele donne au personnage qu'elle joue une telle substance que le spectateur tombe dans le panneau et accompagne la paranoïa du châtelain. La première scène est l'exécution d'une femme accusée de sorcellerie. Le bûcher ici est bien reconstitué comme il était dans la réalité : une vaste construction de fagots ; on y plaçait la suppliciée à l'intérieur et non dessus. Pour celles qui obtenaient l'indulgence on les garrottait avec une longue corde qui permettait de leur rompre le cou avant le feu... La scène de fin, avec son masque grotesque apparaît comme une parodie du film *Le Masque du démon*.

Dans ces deux films, la sorcière est une belle femme, dont la beauté rend ses pouvoirs encore plus dangereux, mais qui peut montrer des faiblesses quand elle rencontre l'amour. Et encore ! L'histoire laisse toujours le spectateur douter de la réalité de cette faiblesse. N'est-elle pas encore un jeu de sorcière ?

Dans *Le Masque du démon*, la sorcière est aussi une vampire.

La sorcière est une horrible vieille dans *Suspiria* de Dario Argento (1976). Le film commence par une scène saisissante de meurtre comme seul le maestro peut les faire. Une jeune étudiante dans un école privée rentre chez elle sous une pluie battante. Dès qu'elle entre dans la pension (ou l'hôtel) le spectateur est saisi par le décor expressionniste de couleurs. Ceci et la pluie déclenchent déjà un malaise... La jeune fille rejoint sa chambre. Dehors la nuit est noire... Le regard est attiré par une fenêtre qui donne sur l'obscurité. Elle est fermée. La jeune fille s'approche, et tente de voir ce qu'il y a dehors. Et, comme nous le faisons souvent nous-mêmes, colle son visage contre la vitre pour supprimer le reflet de la lumière de l'intérieur. Aussitôt elle voit deux yeux maléfiques qui la regardent là, dehors dans la nuit. Elle recule, terrorisée, un bras dont la main tient un gros couteau brise la vitre. Les plans ne montent que le bras et jamais si un corps est attaché à ce membre.... La jeune fille reçoit plusieurs coups de couteau.... Mais j'arrête là la description de la scène... Cet acte incompréhensible est l'oeuvre de la sorcière. Qu'on ne voit qu'à la fin, mais on subit ses diverses malédictions comme une succession d'horreurs dont la moindre n'est pas l'attaque d'un aveugle par son chien...

Dans *Le Projet Blair Witch* d'Eduardo Sanchez et Daniel Myrick (1999) qui a donné lieu à une suite sans intérêt, la sorcière reste invisible, mais sévit toujours. Sa perversité s'exerce sur les enfants, vieille accusation contre les sorcières... En effet, certaines femmes, dans une misère noire, tuait leur nouveau-né pour éviter une nouvelle bouche à nourrir. Cette pratique, comme celle des « faiseuses d'ange » était assimilée à la sorcellerie.

Il faut noter une scène célèbre, celle de l'interview de la sorcière avant son passage au bûcher dans *Le Septième sceau* d'Ingmar Bergmann (1956) ; scène dans laquelle il s'agit plutôt de la peur de la mort... car tout le film est axé sur le dialogue avec la Mort. Mais n'est-ce pas la seule et vraie motivation des « sorcières » ? En tout les cas cette scène est saisissante par le talent de l'actrice qui joue ici un rôle secondaire, mais qui fait passer la terreur dans ses yeux d'une manière parfaitement terrifiante...

Avec *The Undead* (1956), Roger Corman mélange tous les ingrédients dans le chaudron de son imaginaire fertile. Par hypnose il envoie une patiente dans un passé moyenâgeux (en France) où s'affrontent magie blanche et magie noire. Mais là, les apparences sont inversées, la vraie sorcière, fidèle servante de Satan est très belle alors que son contre-feu, la sorcière qui pratique la magie blanche, a l'habituel physique affreux. Comme toujours, tout est possible avec Corman, même si les effets spéciaux sont minimalistes, comme les décors essentiellement constitués de l'habituel brouillard que l'on retrouve dans tous ses films.

On trouve encore des cas limites entre sorcellerie (par l'intermédiaire de l'envoûtement) et hantise dans le petit bijou de Roger Corman *La Tombe de Ligeia (*1965). La première scène est stupéfiante: par un simple petit sourire inquiétant, le fabuleux acteur Vincent Price, sur la tombe de Liegeia, place le spectateur dans une ambiance d'inquiétude.

Enfin les visions bienveillantes :

Ma femme est une sorcière de René Clair (1942) et la série télé qui s'en est inspiré : *Ma sorcière bien aimée...* Gentilles les sorcières ! On peut saluer en passant les charmantes sorcières de la série *Charmed qui met en scène la vie, l'amour, le sexe.*

C'est encore le cas dans *Les Sorcières d'Eastwick* (1987) de George Miller, Jack Nicholson joue un diable lubrique et surtout intéressé par les plaisir de la chair offertes par ses trois belles qui sauront utiliser ses faiblesses contre lui.

La femme vampire

Aussi bien dans la littérature qu'au cinéma le vampire est surtout un homme. Bien sûr il y a deux oeuvres majeures qui mettent en scène des femmes vampires c'est le *Carmilla* de Le Fanu et *La Morte amoureuse* de Gautier.
Le personnage du vampire comme Dracula personnifie le pouvoir et, issu de ce pouvoir le droit de saigner les êtres humains, particulièrement les femmes, dans des rapports physiques très proches des rapports sexuels. Dracula est l'autorité de la Nuit : « Écoutez, les enfants de la nuit ! » S'exclame-t-il en entendant les loups hurler...
Les "femmes" de Dracula sont (bien sûr...) de très belles femmes, très tentatrices, très sexy même avec leur dentier aux dents pointues. Les actrices sont soigneusement choisies pour cela comme Monica Bellucci dans le *Dracula* de Coppola ou Elena Anaya dans le *Van Helsing* (2005) de Stephen Sommers, où nous trouvons la très belle Kate Beckinsale qui sera la très belle vampire des *Underworld*.
Au cinéma, il a fallu attendre longtemps avant que la femme n'apparaisse plus comme seulement une victime du vampire, mais le devienne elle-même à part entière, arrogante et dominatrice. De nos jours cela est devenu habituel, mais cela n'a pas toujours été...
Même l'écrivain Anne Rice dans sa série littéraire célèbre sur les vampires a mis en scène essentiellement des hommes, la seule femme vampire mise en scène dans *Entretien avec un vampire* (dont

le film est sorti en 1994, réalisé par Neil Jordan) est une innocente petite fille qui a comme « parents » un couple de vampires mâles... Sans doute un traitement littéraire vampirique du couple homosexuel et de la pédophilie...

Le premier film avec une femme vampire fut :
Vampyr de Carl Th. Dreyer (1932) dans lequel la vampire est une vieille femme française. C'est le premier film parlant de Dreyer. Il fit un séjour à l'hôpital psychiatrique après ce film... Ce film constitue un maillon essentiel dans l'histoire du cinéma et la critique de l'époque fut partagée, mais surtout la gauche critiqua non pas le film lui-même, mais à travers le film, l'idéologie de Dreyer, ce qui est dommage. Ce film bien que peu connu reste à mon sens un événement cinématographique. Le personnage féminin du vampire est représenté par une vieille femme, peut-être une représentation achétypique de la vieille sorcière ? Certaines images de ce film sont entrées dans la mémoire collective du cinéma comme celle du faucher, un homme portant un grand chapeau, une faux posée sur son dos et qui sonne la cloche pour appeler le passeur qui devra lui faire traverser la rivière... En une seule image plusieurs symboles : la mort, le passage du Styx et la moisson, la moisson de sang dans l'histoire du film.
Dans *La Marque du vampire* de Tod Browning (1935) le faux vampire joué par Bela Lugosi est accompagné d'une fille vampire (qui devait être sa fille...), mais qui ne joue qu'un rôle passif.
Ensuite, nous arrivons en 1960 avec *Et mourir de plaisir* de Roger Vadim adaptation mollassonne de *Carmilla*. En ce qui concerne les adaptations de

Carmille il faut citer T*he Vampire Lovers* de Ray W. Baker (1970) film dans lequel l'héroïne (vampire) est affublée de plusieurs anagrammes du nom *Carmilla* au fur et à mesure de ses renaissances : Miracalla, Marcilla... Ce film a donné lieu à une suite comme savait si bien le faire la Hammer : *Les Sévices de Dracula* dans lequel Dracula n'apparaît jamais et Mircalla apparaît au début pour vampiriser un noble qui deviendra ainsi vampire... Cette fois c'est bien la femme qui est à l'origine de l'épidémie. D'autant plus que ce vampire va jeter son dévolu sur une des deux soeurs jumelles qui vont arriver sur les lieux dont l'une est très prude et l'autre très libre de moeurs.... Une victime désignée pour le vampire. Là on retombe dans les clichés... Dommage.

Mais c'est Mario Bava qui commence vraiment le cycle des films d'horreur avec *Le Masque du démon* qui met en scène une sorcière vampire... L'ambiguïté règne entre les deux personnages joués par Barbara Steele : la gentille fille du châtelain et la vampire revenue d'entre les morts....

Il faudra attendre encore 1970 pour *Les Lèvres rouges* du Belge Harry Kumel qui met en scène le personnage historique de la comtesse Erzebeth Bathory...

Dans les figures de vampires monstrueuses on aura plus tard *Les Prédateurs* de Tony scott (1983) qui a fait une grosse erreur de casting avec le choix de Catherine Deneuve pour jouer la vampire, la jeune étudiante droguée par le sang dans *The Addiction* d'Abel Ferrara (1996)...

Les femmes ont eu aussi leurs vampires positives comme dans *Innocent Blood* de John Landis (1992), dans lequel la vampire élimine les bandits de la société, mais ce n'est pas toujours facile... - *La Ligue des gentlemen extraordinaires* de Stephen Harrington (2003), qui met en scène tout simplement Mina Harker, la femme vampirisée dans Dracula – et *Underworld* de Len Wiseman (2003) qui donne lieu à une suite *Underworld evolution*... (Une préquelle plutôt), film qui met en scène la guerre entre les loups-garous et les vampires, histoire qui semble inspirée de la série des livres *Anita Blake chasseuse de vampires*, dans laquelle l'auteure Laurell K. Hamilton met en scène dans un même monde tous les monstres de la littérature...

David Cronenberg traite de manière très originale le problème du vampirisme avec *Rage* (1976). La femme vampire y est plutôt une victime qui transmettra involontairement son infection à toute l'humanité, et après sa mort, son corps sera traité comme un déchet et évacué par la benne à ordures... Son appendice vampirisateur n'est pas dans sa bouche, mais.... sous le bras !

Jess franco a donné deux images originales à la femme vampire, d'abord dans *Vampyros Lesbos* (1970) où il traite le sujet des rapports sexuels lesbiens sans fioritures et surtout dans *La Comtesse noire* (J'ignore la date) où il met en scène Lilith en vampire qui pratique la fellation mortelle. À ma connaissance c'est le seul film qui met en scène Lilith et ses pratiques sexuelles...

Enfin, dans les vampires modernes il faut voir *Aux frontières de l'aube* un film de Kathryn Bigelow (1987) dans lequel une jeune fille vampire vampirise son amoureux, lui transmettant ainsi sa « maladie » transformatrice, maladie dont pourtant elle sera guérie grâce à une transfusion de sang sain...

Citons également *Vampires* de John Carpenter (2000) dont les femmes vampires ne sont que des goules, espèces de fourmis vampires au service du maître. Comme dans *Dracula*, c'est une jeune prostituée vampirisée qui permettra aux chasseurs de vampires de rester en lien avec le maître.

Autres films de femmes vampires :
Comtesse Dracula de Peter Sady (1970)
Dracula et ses femmes vampires de Dan Curtis (1974)
Les Deux orphelines vampires de Jean Rollin (1997)
La Reine des damnés de Mychael Rymer (2002)

Les femmes loup-garou

Plus rares que les femmes vampires elles ont aussi existé au cinéma. On connaît le thème du loup-garou : l'appel de la nature sauvage, le retour à l'animalité...
On n'a pas eu vraiment de chefs-d'oeuvre dans ce domaine, cela a été plutôt l'apanage des films Z comme *La Loba* de Rafael Baledon (1965) - film mexicain en noir et blanc, ou *La Lupa Mannara* de Rino di Silvestro (1975) – film italien en couleurs. Comme si seul le cinéma bis pouvait oser traiter un sujet aussi « scabreux »....
Plus récemment on a eu le magnifique *Ginger Snaps* de John Fawcett (1999) et le moins bon *Cursed* de Wes Craven (2004) dans lequel le loup-garou est une méchante femme carriériste... *Ginger Snaps* met en scène la transformation d'une adolescente en loup-garou... Le spectateur espère à chaque plan qu'une

solution sera trouvée pour la pauvre victime... mais hélas...
Sinon il y a un chef-d'oeuvre inoubliable : *Ladyhawke* de Richard Donner, plutôt un conte de fée, une malédiction qui rend un amour impossible... car elle se transforme en aigle le jour et lui en loup la nuit.

D'autres monstres

Comment ne pas citer *La Féline* de Jacques Tourneur (1942) une histoire de sexe, l'orgasme faisant retourner la femme à l'animalité (encore une allégorie puritaine) et son remake (plus gore celui-là) de Paul Schrader (1982). Jacques Tourneur développe les sentiments du spectateur (particulièrement la peur) pas ses suggestions géniales du hors champ...
Et les films de sirène sont rares, je n'en connais qu'un qui vaille la peine c'est *She creature* de Sebastien Gutierrez (2001) dans lequel une sirène ouvre la voie à toutes les horreurs lovecraftiennes...

Tous ces thèmes de la monstruosité féminine ont été des thèmes sulfureux, car ils renvoient à plusieurs archétypes, celui de la sexualité et de la maternité, et celui du retour à la nature, retour cher à nos sorcières du Moyen Âge qui allaient danser la nuit dans les clairières et crûment mis en scène par la mythique loup-garou......

Le cinéma a développé deux tendances : celle de la misogynie alimentée par les monstruosités montrées ou celle, au contraire, de la lutte pour l'égalité des sexes...
Aujourd'hui, peut-être la tendance s'inverse et la monstruosité au cinéma montre en quelque sorte de plus en plus la supériorité de l'ancien sexe faible...

La science engendre les monstres

Autrefois, dans les fictions, les monstres, vampires, fantômes et autres goules étaient nés d'une malédiction. Il n'y avait pas d'explication rationnelle à cette mise en état…
C'était donc du fantastique.
Aujourd'hui, la fiction (romans, BD et ciné) rationalise ce fantastique grâce aux découvertes scientifiques : le mort-vivant et le vampire le seraient devenus par l'effet d'un virus (le loup-garou aussi…), certains monstres le seraient devenus par les manipulations génétiques (*Doom* d'Andrzej Bartkowiak -2005 et la série des cinq *Resident Evil : 1* de Paul WS Anderson – 2001, *2* d'Alexander Witt – 2004, *3* de Russel Mulcahy – 2007, *4* et *5* de Paul WS Anderson - 2010 et 2012, adaptés de jeux vidéo, sachant que pour le jeu *Resident Evil*, Romero a été consulté…)
Bien sûr souvent les très grandes entreprises sont impliquées dans ces épidémies. C'est le cas dans les films *Resident Evil* dans lesquels la gigantesque multinationale Umbrella engendre bien des monstres et une énorme épidémie de zombies sur Terre !
Dans le chef-d'œuvre de Philip K. Dick *Blade Runner*, adapté au cinéma par Ridley Scott en 1982, une multinationale (encore une !) fabrique des êtres humains (les répliquants) utilisés comme esclaves pour travailler dans les mines et ne leur donne qu'une durée de vie très courte pour faire la différence avec

les "vrais" humains. Il y a bien sûr une révolte de ces créatures. Le titre original de la nouvelle est « *Les androïdes rêvent-ils de moutons électriques ?* »
Dans le roman *Frankenstein* (Mary Shelley - 1818) le scientifique utilise la foudre pour redonner la vie (il y a beaucoup de films de Frankenstein… le meilleur de tous étant *La Fiancée de Frankenstein* de James Whale - 1935)

De la chirurgie à la manipulation génétique.
HG Wells utilise la chirurgie pour transformer les animaux en êtres humains dans son roman *L'île du Dr Moreau* (1896). Peu vraisemblable aujourd'hui ! Mais l'objectif de Wells était de faire une fable philosophique sur la nature bestiale qui ne pouvait pas être changée par le social (la "loi" comme disait le docteur Moreau à ses cobayes…)
Le premier film adapté de cette œuvre au titre homonyme réalisé par Erle C. Kenton (1932) reprend cette idée de la chirurgie. Le remake suivant qui date de 1977 par Don Taylor ne change rien. Il faudra attendre John Frankenheimer en 1997 qui fera un film basé sur la manipulation génétique, dans lequel le docteur Moreau déclare : « Le diable est un ramassis de gènes. Je l'ai coincé dans mon microscope. »

De la chimie à la biologie.
Au départ, les morts-vivants sont nés d'une pollution chimique. C'est le cas dans la tradition Vaudou des zombies qui le deviennent quand on souffle sur une personne une poudre spéciale… George A. Romero a repris ce genre d'intoxication dans la *Nuit des morts-vivants* (1968). Mais le fait que cette maladie (être un mort-vivant) est contagieuse (dans le film) a conduit

les films suivants à envisager le virus comme contaminant.

De la malédiction au virus.
À l'origine le vampirisme est une malédiction. C'est le cas dans le roman de Bram Stoker *Dracula,* adapté un grand nombre de fois au cinéma. Puis, cette malédiction prend la forme d'un virus, par exemple dans la série des films *Blade* (Stephen Morrington – 1998, suivi par Guillermo del Toro – 2002 et David Goyer –2004). Ces films sont tirés d'un comic américain. Il en est de même pour les vampires et loups-garous des deux films *Underworld* de Len Wiseman (2003 et 2005).
En fait, cette terreur du virus a engendré une tonne de films post apocalyptiques comme *28 jours plus tard* de Danny Boyle - 2003, *28 semaines plus tard* de Juan Carlos Fresnadillo - 2007, *Doomsday* de Neil Marshall – 2008, ces trois films confortant la Grande Bretagne comme le pays le meilleur dans le film d'horreur !
Bien souvent ce sont les "méchants" militaires qui sont à l'origine des épidémies, comme dans la plupart des films de zombies récents.

Chroniques des films

Le Manoir du diable (1896) de Georges Méliès

Court-métrage dans lequel le vampire n'est autre que Méphistophélès.

The Vampire Dancer (1912) d'Ingvald C. Oes

The Vampire (1913) de Robert G. Vignola

The Vampire's Trail (1913) de Robert G. Vignola

Feuilleton cinématographique de Louis Feuillade : **Les Vampires** (1916), dans lequel il n'y a pas, à proprement parler, de vampires ! (Voir ci-dessus dans mon introduction)

Nosferatu de Friedrich Wilhelm Murnau (1922)

La version expressionniste du Dracula de Bram Stoker. On n'a pas fait mieux depuis. Voir le chapitre sur les chefs-d'œuvre. Voici ce qu'en disait Rudol Kurtz, dans son essai *Expressionnisme et cinéma* : « *Murnau [...] tente dans son film de créer l'impression inquiétante de l'atmosphère qui règne sur les esprits à l'aide d'éléments qui ne sont peut-être pas encore de l'expressionnisme en toute connaissance de cause, mais qui apparaissent semblables à ses formes. Cette aventure effrayante que Henrik Galeen avait transcrite de façon magistrale dans son manuscrit, et au cours de laquelle des visions superposées de rats, de bateaux pestiférés, de vampires, de voûtes obscures, de charrettes noires tirées par des chevaux à la vitesse de l'éclair, s'interpénètrent et s'entremêlent de manière démoniaque, échappait d'emblée à une interprétation naturaliste. Murnau en souligna le caractère irréel, sa mise en scène dépendait de visions élaborées avec art, et il réussit à traduire cet horreur que ne peuvent rendre des formes naturelles.* » Voilà le mot lâché : des formes naturelles. Ce qui fait hésiter Kurtz à qualifier ce film d'expressionniste (car pourtant, il l'est) c'est qu'il a été entièrement tourné en décors naturels. Ainsi, le Carfax du roman de Stoker, est, dans Nosferatu, le grenier à sel de Lübeck. Ce qui caractérise ce chef-d'œuvre de l'expressionnisme, c'est que ce courant artistique se traduit dans la manière de filmer, (et particulièrement de la lumière, du montage et du cadrage) et non pas des décors naturels, qui sont rendus irréels, justement par l'art de filmer du cinéaste....

Londres après Minuit de Tod Browning (1927)

Une maison abandonnée longtemps auparavant après le suicide de Balfour, son propriétaire, est envahie par des ombres macabres... Ces personnages inquiétants sont-ils à l'origine de la mort de Balfour ? En fait, c'est un peu comme dans *La Marque du vampire* (voir ci-dessous), le vampire est un faux vampire...

Dracula de George Melford (1931)

Une version espagnole. Dracula convoite Eva, la fille du docteur Seward... C'est aussi Renfield et non pas Harker qui arrive au château du vampire pour signer l'acte de vente de Carfax.

Dracula de Tod Browning) (1931)

Le moins bon de Browning qui tente de nous effrayer en éclairant les yeux de Bela Lugosi très bavard. Quelques scènes célèbres à noter : celle de la toile d'araignée, de l'escalier et de l'exécution de Dracula...

Vampyr de Carl Th. Dreyer (1932)

Les cauchemars de Dreyer emprisonnent le spectateur dans ses propres fantasmes grâce à ce film inquiétant et envoûtant dans lequel le mécène joue le rôle principal de David (ou Allan, ou Nikolas) Gray (ou Grey...). Une vieille femme vampire qui ne craint ni l'ail, ni la croix, ni la lumière du jour... Mais quand sait-on que c'est le jour ou la nuit ? Premier film sonore de Carl T. Dreyer, dans lequel il n'utilise pratiquement pas le son et les dialogues sont presque inexistants. Le regard des personnages, plus particulièrement celui de Gray, sert de langage cinématographique. Véritable itinéraire, la recherche de la vérité par le héros passe par l'ouverture et la fermeture de nombreuses portes de la maison. Le cadrage de l'image ne suffit pas à Dreyer qui en ajoute toujours : cadrage des innombrables portes et fenêtres de la bâtisse, cadrage de la fenêtre du couvercle du cercueil qui permet de voir le visage du mort. Les scènes les plus marquantes du film : le moissonneur avec sa faux sur l'épaule (la Mort ?) filmé de dos, qui agite la cloche au bord du fleuve pour appeler le passeur (des âmes ?), la main squelettique qui tend le flacon de poison et, dans le rêve de Gray, le visage du rêveur mort dans son cercueil. Voir au chapitre des chefs-d'œuvre.

La Marque du vampire de Tod Browning (1935)

Bela Lugosi officie de nouveau dans le rôle du vampire. Démonstration magistrale de l'effet fantastique produit par le cinéma avec une chute surprenante. (Voir analyse du film dans mon introduction)

La Fille de Dracula de Lambert Hillyer 1936

Amusant petit film en noir et blanc. Il démarre sur un ton un peu comique. Nous sommes à Withby, en Angleterre (là où Dracula était arrivé de sa Roumanie natale…) Deux policiers anglais effrayés pénètrent dans une crypte et découvrent un cadavre au pied d'un escalier. On saura plus tard qu'il s'agit de Renfield (l'esclave de Dracula). Puis ils arrêtent Van Helsing qui vient d'enfoncer un pieu dans le cœur de Dracula. Il est accusé de meurtre. Une femme au visage couvert d'un voile noir vient voler le corps du vampire pour l'incinérer. Elle veut, dit-elle, s'en libérer. Mais… la relève sera assurée.

Mine de rien le scénario ressemble beaucoup à celui du Dracula de Stoker. On y retrouve même des dialogues du roman, par exemple :

« Vous buvez quelque chose ?
- Je ne bois jamais de vin. » Répond la vampire…

Le Retour du Docteur X de Vincent Sherman (1939).

La suite du *docteur X* (1932) de Curtiz.
Avec Humphrey Bogart en zombie. On retrouve des corps exsangues avec une plaie incisée au scalpel au niveau du cœur. L'une des victimes, une jolie femme, réapparaît vivante ! Mais très pâle… Un docteur et son ami journaliste mènent l'enquête… C'est donc aussi une histoire de vampire puisque le zombie a besoin de sang pour « survivre »…

Son of Dracula de Robert Siodmak (1943).

Un scénario assez original sur les vampires, un film tout en expressionnisme avec un délicieux noir et blanc, mais un Lon Chaney Jr pas vraiment à sa place en Dracula…

La Maison de Frankenstein d'Erle C. Kenton (1944)
La Maison de Dracula d'Erle C. Kenton (1945)

Dans les années quarante et cinquante, toute une série de films mêlant Frankenstein, Dracula, le Loup-garou, avec Christopher Lee, Lon Chaney Jr, Bela Lugosi et, bien sûr, Boris Karloff

The Vampire's ghost de Lesley Selander (1945)

Film en noir et blanc. Le premier vampire sympathique de l'histoire du cinéma. Un vampire qui tient un bar sordide dans un petit port africain est las de sa condition...

La Chose d'un autre monde de Christian Nyby (1951)

Avec quel mépris certains critiques parlent de la « *carotte extraterrestre* » pour parler de l'alien de ce film qui m'avait terrifié dans mon enfance. Beaucoup de critiques attribuent sa réalisation à Howard Hawks qui en fut le producteur, mais, pitié laissons à Nyby la paternité de son chef-d'œuvre ! Cette histoire est adaptée d'une nouvelle de John W. Campbell *La Bête d'un autre monde* (1938). Campbel qui s'est visiblement largement inspiré d'un petit roman de Lovecraft *Les Montagnes hallucinées.* C'est le chef-d'œuvre des films d'épouvante des années cinquante. La scène au cours de laquelle les savants ont planté les graines du monstre et se sont aperçus qu'elles ont germé n'a jamais été égalée.

C'est aussi une histoire de vampire puisque la chose se nourrit de sang humain...

John Carpenter a réalisé en 1982 un remarquable remake : **The Thing**. Un autre remake de la période faste du cinéma fantastique espagnol, avec Peter Cushing et Christopher Lee : *Terreur dans le Shangaï express* (1972) par Eugenio Martin, reprend tous les ingrédients de Dracula, Frankenstein, DrJekyll et les morts-vivants...

Les Vampires de Riccardo Freda (1956)

La jeunesse éternelle grâce au sang des autres. Pour cela il faut tuer d'innocentes jeunes folles, comme le faisait la comtesse Bathory. Une fois de plus Freda partit en claquant la porte en cours de tournage et c'est Mario Bava qui finit le film (ou le fit presque en entier. La première fois ce fut pour *Caltiki monstre immortel*...

Le Sang du vampire de Henry Cass (1958)

Un homme coupable de vampirisme est exécuté par enfoncement d'un pieu dans le cœur. Son serviteur difforme le déterre et embauche un docteur de l'horreur pour faire une transplantation cardiaque. Elle réussit, mais pas tout à fait : le vampire a besoin de renouveler régulièrement son sang, car avant de mourir il avait absorbé un élixir devant le faire ressusciter, mais qui n'a eu pour résultat que de corrompre son sang après résurrection.

Le Cauchemar de Dracula de Terence Fisher (1958)

Le premier Dracula de la Hammer réalisé par Terence Fisher. Le scénario ne respecte pas vraiment le roman de Stoker. Dracula est interprété par Christopher Lee et Van Helsing par Peter Cushing. Le début d'une longue carrière à la Hammer...

Les Temps sont durs pour les vampires de Stefano Vanzina Steno (1959)

Film parodique italien dans lequel joue Christopher Lee, dans son deuxième rôle de vampire, après celui du Dracula dans *Le Cauchemar de Dracula* de Terence Fisher. Il joue d'ailleurs son rôle très sérieusement comme dans l'autre parodie, française celle-là, *Dracula père et fils* d'Edouard Molinaro (voir plus loin). Cette posture du comédien rend le film encore plus comique.

Dans les griffes du vampire d'Edward Dein (1959)

C'est un western ! Avec le classique : de pauvres paysans luttent contre un grand propriétaire terrien. Un mercenaire invincible apparaît... Il fuit la lumière du soleil !
C'est un film superbe.

L'amante del vampiro de Renato Polselli (1959)

C'est une tentative du néoréalisme italien de faire du fantastique et de l'horreur. Pas très réussi à part l'érotisme assez réussi bien que se contentant d'être très soft. Faut dire que ce film manque de moyens à un tel point que cela en devient son atout et son charme. Un peu du Jean Rollin italien...

Plan 9 from outer Space d'Ed. D. Wood Jr. (1959)

Film qualifié souvent de plus mauvais film de l'histoire du cinéma. C'est Bela Lugosi qui joue le rôle du vampire. Il mourut pendant le tournage. On le remplaça par une doublure bien plus grande que lui et qui cachait son visage derrière son bras pour ne pas être reconnu ! Wood Jr a inspiré à Tim Burton un film de biographie **Ed Wood** (1994)... À voir absolument (le film de Burton, mais aussi celui de Wood Jr.)

Et mourir de plaisir de Roger Vadim (1960)

Adaptation mollassonne du *Carmilla* de Le Fanu. Enfin, c'est un bon film, mais on s'ennuie à... mourir.

Les Maîtresses de Dracula de Terence Fisher (1960)

Voir la chronique de *Dracula prince des ténèbres*.
Pas de Dracula dans ce film, car Christopher Lee n'a pas voulu jouer le rôle. Mais Peter Cushing, lui, est bien présent.

Le Masque du démon de Mario Bava (1960)

Chef-d'œuvre du gothique, début du gore, ce film eut des ennuis avec la censure, car la première scène montre une violente exécution par une "vierge de Nuremberg" (un masque avec des pointes à l'intérieur appliqué sur le visage à coups de massue). Deux vampires exécutés autrefois par ce procédé cruel, reviennent à la vie grâce à quelques gouttes de sang d'un voyageur. Formidables mouvements de caméra. Avec l'actrice fétiche de Bava : Barbara Steele. Extrait de *Vie des fantômes* de Jean Louis Leutrat :

« L'histoire se déroule au sein d'une même famille. Elle relie deux femmes de cette famille à deux siècles d'intervalle. Un mouvement de caméra allant de la fille au père insiste sur l'idée de lignée. Le père est celui qui a assuré la descendance, la filiation satanique. Lorsque la caméra filme son fauteuil de dos, tout en s'en approchant, il est difficile de ne pas penser à Psychose *qui est la même année. Mais au lieu de révéler la momie d'une mère, ce mouvement aboutit à la figure d'un père catatonique. »* Voir au chapitre des chefs-d'œuvre.

Hercule contre les vampires de Mario Bava (1961)

Péplum vampirique un peu long. On note la prestation de Christopher Lee.

Superman contre les femmes vampires d'Alfonso Corona Blake (1962)

Des adorateurs de vampires ont jeté leur dévolu sur la fille du professeur Orloff pour en faire leur reine. Santo, alias Superman, veille sur la demoiselle... Film mexicain qui s'est taillé un beau succès en France.

Le Baiser du vampire de Don Sharp (1962)

Troisième film de vampires de La Hammer. Il n'est pas question de Dracula, mais du vampire Ravna. Un voyage de noces mouvementé pour ces jeunes mariés qui s'arrêtent dans une auberge où ils sont les seuls clients... Ils sont invités à dîner au château par le docteur Ravna...

Trois visages de la peur de Mario Bava (1963), trois sketches expressionnistes de terreur : *Le Téléphone*, *Les Wourdalaks* et *La Goutte d'eau*. Le chef-d'œuvre de Mario bava. Le sketch sur le téléphone a inspiré tous les films d'horreur contemporains. N'est-ce pas Wes Craven ? Celui sur les vampires (*Les Wourdalaks*) crée une ambiance de terreur avec les éclairages en couleurs expressionnistes le cadrage des fenêtres : petit à petit tout le monde sera contaminé. Et *La Goutte d'eau* est une histoire de hantise surprenante.

Dracula prince des ténèbres de Terence Fisher (1964)

La suite du *Cauchemar de Dracula* de Fisher et avec Chritopher Lee. Dracula est reconstitué avec le sang d'un pauvre voyageur qui s'est perdu dans la région.

Ce film est suivi d'autres produits par la Hammer et qui commencent par la fin du précédent suivie, dans le suivant, de la résurrection du vampire : *Dracula et les Femmes* de Freddie Francis (1969) – *Une Messe pour Dracula* de Peter Sasdy (1970) – *Dracula 73* d'Alan Gibson (1972). Avant *Dracula prince des ténèbres*, la Hammer avait produit un film dans lequel Christopher Lee avait refusé de jouer le rôle de Dracula, craignant d'être trop catalogué. Ce fut *Les Maîtresses de Dracula* de Terence Fisher en 1960. Contrairement à ce que suggère le titre, Dracula n'est pas présent, mais Van Helsing l'est, sous les traits de Peter Cushing.

Je suis une légende de S. Salkow et U. Ragona (1964).

Un beau petit film en noir et blanc dans lequel Vincent Price est excellent. Cette adaptation du roman de Matheson a certainement bien inspiré d'autres films comme, par exemple, *La Nuit des morts-vivants* (1968) de George Romero. Un seul être humain a survécu sur notre Terre peuplée de vampires.

Le Vampire de Düsseldorf de Robert Hossein (1965)

Une fiction inspirée de la vie du tueur en série de Düsseldorf, appelé improprement « vampire ».

La Planète des vampires de Mario Bava (1965).

Mario Bava réalise ce film avec son fils Lamberto en utilisant les décors de *Hercule contre les vampires* (1961). Avec un budget de misère Mario Bava réalise une œuvre qui est à la source d'autres grands films de science-fiction comme *Alien* (1979) de Ridley Scott et *The Thing* (1982) de John Carpenter, lui-même, remake de *La Chose d'un autre monde* (1951) de Christian Nyby.

Insomnie de Pierre Etaix 1965

Court-métrage. Un soir d'insomnie un homme ouvre un livre sur les vampires…

Le Bal des vampires de Roman Polanski (1967)

Superbe satire du genre. Un rire qui réussit à effrayer. La neige ne refroidit pas les ardeurs, la « non-mort » ne les refroidit pas non plus. Un vampire juif ne craint pas le crucifix....

Vij de K. Ierchova et G. Kropatchava (1967)

Film soviétique tiré de la nouvelle homonyme de Nicolas Gogol (1835)

Le Viol du vampire de Jean Rollin (1967)

Avec Jean Rollin on ne risque rien : on est sûr de mourir d'ennui.

Le Vampire a soif de Vernon Sewell (1967)

Un papillon vampire (si ! si !)

Le Vampire et le sang des vierges de Harald Reinl (1967)

Film allemand. Le Comte Regula qui a torturé et tué douze jeunes filles est écartelé. Trente-cinq ans plus tard un avocat reçoit une invitation à se rendre au château du comte Regula. Il en est de même d'une baronne…

Dracula et les femmes de Freddie Francis (1968)

C'est avec ce film que se poursuivent les morts et renaissances de Dracula. Souvenons-nous, mort à la fin de *Le Cauchemar de Dracula*, il renaît au début de *Dracula prince des ténèbres*. Il meurt à la fin de ce dernier et renaît dans ce film grâce au sang d'un prêtre accidenté. Il meurt aussi à la fin pour renaître au début du film suivant : *Une Messe pour Dracula.*
Très amusant tout cela.

Une messe pour Dracula de Peter Sasdy (1969)

Voir la chronique de *Dracula prince des ténèbres.*
Dracula meurt à la fin de *Dracula et les femmes* pour renaître dans ce film et y mourir à la fin pour renaître dans *Les Cicatrices de Dracula.*

Les Nuits de Dracula de Jess Franco (1969).

Klaus Kinski joue le rôle de Renfield. La langueur du cinéma de Jess se met au service du roman de Bram Stoker auquel il reste très fidèle. Christopher Lee joue le rôle de Dracula.
Une adaptation très fidèle du roman de Bram Stoker. Franco a représenté son Dracula (joué par Christopher Lee) tel que la légende le montrait ; grosses moustaches, pas de cape... Toutes les scènes du roman sont reprises, par exemple celle du nourrisson que Dracula amène à ses trois femmes pour les

nourrir. Scène qu'a reprise également Coppola dans son Dracula…

Jonathan le dernier combat contre les vampires de Hans W. Geissendorfer (1969)

Très belle allégorie politique : les gens se mobilisent pour éliminer les vampires. Le comte Dracula ressemble à Hitler.

Le Frisson des vampires de Jean Rollin (1970).

Décidément je n'arrive pas à trouver de l'intérêt à ce film. *« On croirait un film d'amateur »* m'a déclaré une jeune téléspectatrice. Jean Rollin filme beaucoup les murs et objets du château, use et abuse du panoramique dans les pièces – sa caméra est constamment en rotation – le scénario est simpliste, les acteurs particulièrement mauvais. Les éclairages tentent de rappeler Mario Bava... mais sans vraiment y parvenir. On a aussi pu voir *La Morte vivante* (1982) de Jean Rollin...

La Vampire nue de Jean Rollin (1970)

Pour chercher l'immortalité une secte fait des expériences sur une jeune-fille que le fils de l'un des adeptes va vouloir sauver. C'est du Jean Rollin. On aime ou on n'aime pas…

Les Lèvres rouges de Harry Kumel (1970)

Vie (et mort) de la cruelle comtesse de Transylvanie, Erzebeth Bathory, mise en scène ici en vampire sous les traits de Delphine Seyrig.

Vampyros Lesbos de Jess Franco (1970).

Ce film est typique de Jess Franco (ici sous un pseudonyme : Franco Manera) : rythme lent, cadrages audacieux, couleurs symptomatiques, et puis soudain, pan ! un coup de zoom agaçant au possible. On rajoute du sexe pas vraiment conformiste (si vous aimez Lesbos) et puis voilà ! La version originale est en allemand, ce qui accentue l'impression d'étrangeté du film. Le "y" de Vampyros n'est-il pas un hommage à *Vampyr* de Dreyer à qui on avait posé la question :
– *Pourquoi ce "y" dans vampyr ?*
– *Pour faire plus étrange,* a-t-il répondu…

Comtesse Dracula de Peter Sasdy (1970)

La comtesse hongroise Bathory (1560-1614) assassinait les femmes pour se baigner dans leur sang afin de garder la jeunesse. Dans ce film on l'a appelée Elisabeth… Mais elle exerce les mêmes sévices

La Fiancée du vampire de Dan Curtis 1970

Le vampire cherche à redevenir humain. Film tiré d'une série télévisée. Il a eu une suite inédite en France.

Suceurs de sang de Robert Hartford-Davis (1970)

Avec Peter Cushing.

« Le vampirisme est une perversion sexuelle » affirme un savant anthropologue.

Les dialogues sont lourds et sans fin, c'est mal tourné. Les extérieurs nuits sont complètement ratés.

La partie centrale du film se déroule en Grèce à Hydra, au monastère du sang.

Ce film accumule fausses fins…

Les Cicatrices de Dracula de Ray Ward Baker 1970

Ce film succède à *Une Messe pour Dracula*… Il y a eu à La Hammer tout une série de films dans lesquels Dracula meurt à la fin et est ressuscité au début du suivant. Ici il est ressuscité par une chauve-souris… Dracula meurt à la fin frappé par la foudre. Ce film est suivi par *Dracula 73*

The Vampire lovers de Roy Ward Baker (1970).

J'adore ces films de La Hammer. Celui-ci est un petit bijou du genre. Le générique annonce qu'il est inspiré du *Carmilla* de Le Fanu (avec quelques ingrédients de *Dracula).* Cette Carmilla se nomme d'abord Mircalla, puis Marcilla et enfin Carmilla. Avec les grands Peter Cushing (qui finit par tuer son vampire) et Ingrid Pitt qui joue merveilleusement et érotiquement Carmilla. Ah ! percer un si beau sein !

« *Il y a trop de contes de fées dans cette région* » déclare la gouvernante française. Oui, une fois de plus le rationnel sert à cacher l'irrationnel, à lui permettre de sévir sans être reconnu… Mais bon sang, pourquoi elles ne ferment pas leur fenêtre ! Le petit travelling arrière sur le trou de serrure devrait entrer dans l'histoire du cinéma !

Dans la nouvelle de Le Fanu, les vampires changent de nom en anagrammes « sans l'omission ou l'addition d'une seule lettre ». Ainsi Carmilla fut la comtesse Mircalla, Millarca...

Une petite suite : *Les Sévices de Dracula*

Les Sévices de Dracula de John Hough (1971)

Suite de *The Vampires Lovers*.
Cette fois Mircalla apparaît juste pour vampiriser le comte Karnstein et ensuite on n'a plus aucune nouvelle d'elle dans le film ! (Il n'y a pas de Dracula dans le film qui s'appelle *Twins of Evil* en VO). Un film assez étonnant, du pur Hammer avec l'immoralité qui lui va si bien (mais la fin est très morale). « Je n'aime pas les hommes honnêtes », déclare Frida l'une des belles jumelles. Mélange de vampirisme et de sorcellerie, les décolletés féminins y sont plus profonds que jamais. On retrouve avec plaisir toujours la même forêt présente dans les films de la Hammer. Le personnage joué par Peter Cushing est plus ambigu que jamais....

À la recherche de Dracula de Calvin Foyd (1971)

Documentaire sur la légende et l'histoire.

La Fille de Dracula de Jésus Franco (1971)

Dracula gît dans une crypte. Une grand-mère qui se meurt met en garde sa petite fille : il ne faut surtout pas de sang à cet ancêtre !

Vous l'avez deviné ! Il ne fallait pas le dire grand-mère !

La Révolte des morts-vivants d'Armando De Ossorio (1971)

Il n'est pas toujours facile de voir des films fantastiques espagnols sortis jusqu'à cette date, qui, pour la plupart de ceux que j'ai vus, ne cassent pas des barres. Celui-ci ne brille pas plus que les autres... Plus tard, les Espagnols réaliseront de purs chefs-d'œuvre d'horreur.

Une jolie petite brunette bien roulée se réfugie dans des ruines hantées par des Templiers zombies...

Requiem pour un vampire de Jean Rollin (1971)

Que voulez-vous que je vous dise ? C'est du Jean Rollin !

Deux petites jeunes filles s'enfuient d'un centre de redressement et se réfugient dans un château où sévit une secte vampirique.

Le Survivant de Boris Sagal (1971).

Un film au style très ampoulé, parfois lourd, inspiré de l'histoire de *Je suis une légende* (roman de R. Matheson et film de S. Salkow et U. Ragona (1964) avec Vincent Price) : un survivant après une guerre bactériologique lutte contre des rescapés, mais malades physiquement et idéologiquement... Il va finir par sauver le monde grâce à son sang.

De fait, dans l'histoire qui a inspiré ce film, les rescapés sont des vampires, mais ici, rien ne l'indique.

Capitaine Kronos contre les vampires de Brian Clemens (1972)

« Il y a autant d'espèces de vampires que d'animaux de proie », dit le docteur Grost. On s'attend donc à des vampires un peu spéciaux. Mais, on n'est pas très étonné... sauf par la méthode de chasse avec des crapauds morts ! On sent l'influence du western spaghetti et il y a quelques arrêts sur image étonnants. C'est le seul long métrage de l'auteur du feuilleton *Chapeau melon et bottes de cuir*.

Dracula prisonnier de Frankenstein de Jésus Franco (1972)

Le docteur Frankenstein et son monstre se rendent au château de Dracula et réveillent le vampire. Il y a même un loup-garou et une bohémienne.

Jess Franco s'inspire des films Universal qui mêlaient tout ce beau monde dans un seul film (il y en a eu plusieurs...)

Le Cirque des vampires de Robert Young (1972)

Le vampire est tué par la population qui incendie le château. Sa servante et complice récupère le corps et lui redonne vie avec le sang de ses blessures suite à sa flagellation publique. Des années plus tard le village est victime d'une épidémie et mis en quarantaine. Mais un cirque réussit à s'y introduire. C'est le crique des vampires...

Baron vampire de Mario Bava (1972)

Ce film est là parce qu'il y a le mot « vampire » dans son titre. Mais il ne traite pas de vampire...

Dracula 73 d'Alan Gibson (1972)

Voir la chronique de *Dracula prince des ténèbres.*
Dracula tué à la fin du film précédent (*Une Messe pour Dracula*) renaît au début de celui-ci grâce à une bande de jeunes qui jouent aux apprentis sorciers... Notre vampire s'adapte très bien aux seventies ! (Film connu aussi sous le titre *Dracula AD 1972*)

Blacula de William Crain (1972)

Il ne fait pas bon de rendre visite à Dracula : on est vite contaminé, Noir ou pas ! Il se réveillera en 1972 à Los Angeles et alors gare !

Scream, Blacula, Scream de Bob Kelljjan (1973)

Le retour de Blacula réveillé par le Vaudou. Mais tel est pris qui croyait prendre, car celui qui l'a « réveillé » qui voulait en faire son esclave est contaminé et le devient lui-même... Ah ! la black exploitation...

Les Vierges de la pleine lune de Paolo Solvay (Luigi Batzella) 1973

Une fille court dans les bois en chemise de nuit : ultra classique !
À la recherche d'un anneau maléfique au pays des vampires. Au château de Dracula !
Ce château a été vu dans de nombreux films de même catégorie...
Le réalisateur tente quelques plans expressionnistes. Et des plans osés : les promenades solitaires dans le château sont filmées en contre-plongées au plafond.
Les scènes d'amour sont ennuyeuses.
À la photographie c'est Aristide Massaccesi, qui est un des nombreux pseudonymes de Joe D'Amato.

Dracula vit toujours à Londres d'Alan Gibson (1973)

Dracula veut prendre le pouvoir en faisant des adeptes dans la grande bourgeoisie avec ses messes noires... C'est l'avant-dernier film de Dracula de La Hammer. Le dernier sera les 7 vampires d'or et ne sera pas joué par Christopher Lee et donc ce ne sera pas Dracula !

Dracula et ses femmes vampires de Dan Curtis (1974)

Scénario de Richard Matheson (décidément, on le retrouve partout…)

Les scènes classiques : meute de loups, château, Dracula tout en noir, le col de Borgo…

Ici ce n'est pas Mina que convoite Dracula, mais Lucy.

Harker est un peu porté sur la bouteille et Dracula est toujours amoureux de sa bien-aimée morte depuis des siècles, mais qui semble réincarnée en Lucy.

Matheson a simplifié l'intrigue du roman de Bram Stoker. Le film est correct.

Mais il l'a respectée jusqu'à la moitié du film où l'on reconnaît sa superbe imagination pour finir avec la course poursuite de Dracula retourné en son château des Carpates.

Par contre, le château de Carfax n'est pas aussi inquiétant que celui du film *Nosferatu* de Murnau.

Van Helsing se promène sans se séparer de sa sacoche qui contient le pieu et le maillet.

Par contre, Jack Palance n'est pas terrible en Dracula… Christophe Lee en avait marre ? Pourtant il reviendra dans la parodie *Dracula père et fils* d'Édouard Molinaro (1976)

Les Temps sont durs pour Dracula de Clive Donner (1974)

C'est dur pour Dracula (joué par David Niven) de s'adapter à la vie moderne des années 1970 ! Ce film sera le signal de lancement d'une série de comédies discréditant le comte vampire…

Du Sang pour Dracula de Paul Morrissey (1974)

Merveilleux film baroque et parodique qui montre un Dracula au bord de la mort. Seul le sang d'une vierge pourra le sauver, car il ne peut plus en consommer d'autres. Pour trouver des vierges, il se rend en Italie, son cercueil posé sur le toit. Là, invité dans une grande maison, il pense trouver ce dont il a besoin, car il y a trois jeunes filles. Mais, elles ne sont pas vierges, car le jeune serviteur – certainement communiste – les aura toutes déflorées, condamnant Dracula à lécher le sang du dépucelage sur le sol. Ce diable de serviteur débitera son corps en morceaux... Décadence et fin d'une société d'exploitation ?

Dracula et ses femmes vampires de Dan Curtis (1974)

Jonathan Harker arrive au château de Dracula. Ce dernier n'est pas seul : il est entouré de femmes vampires ! Excitant non ? Je ne sais pas...

Tendre Dracula (La Grande trouille) de Pierre Grünstein (1974)

Parodie de film de vampire dans laquelle c'est Peter Cushing qui joue le rôle de Dracula.

Leonor de Juan Bunuel (1975).

Attention film dangereux : on peut mourir d'ennui ! Piccoli ne va pas du tout pour ce rôle, ni Liv Ullmann. Seule Ornela Mutti correspond. On se demande d'ailleurs comment on peut ne pas préférer Ornela à Liv. Enfin, question de goût. Je ne peux pas m'empêcher de rêver à ce qu'aurait fait Roger Corman de cette histoire tirée de la nouvelle de Ludwig Tieck, avec Vincent Price et Barbara Steele, bien sûr !

Contes immoraux de Walerian Borowczyk (1974)

L'un des contes porte sur Erzsebet Bathory qui tuait de jeunes filles pour se baigner dans leur sang...

Les Sept vampires d'or de Roy Ward Baker (1975)

Il y a eu le chef-d'œuvre d'Akira Kurosawa *Les Sept samouraïs* (1954), son remake westernien *Les Sept mercenaires* (1960) de John Sturges, et ce petit navet vampirique inspiré de la même histoire, ce qui lui vaut d'être cité ici. Le dernier film de vampires de La Hammer...

Rage de David Cronenberg (1976)

Une jeune femme ayant subi une greffe de peau s'aperçoit qu'elle a désormais besoin de se nourrir de sang, utilisant un appendice qui lui sort sous le bras. Elle vampirise donc les gens en les embrassant et leur transmet la rage. C'est une épidémie, la loi martiale est décrétée... L'angoisse ne se base pas sur des effets spéciaux, mais sur les mises en situation et la couleur rouge de la plupart des scènes. Cronenberg en parlant de son film, refuse de considérer le désordre qui y règne comme un chaos social : « *Mon expérience per-*

sonnelle de la vie en société ne ressemble pas à celle de Rabid *(Rage) où les gens se déchaînent dans les rues. Je n'ai jamais vécu cela. C'est donc vraiment un exemple d'un désordre intérieur plutôt qu'extérieur. »*
Pourtant... Un film terrifiant.

Dracula père et fils d'Edouard Molinaro (1976)

Franchouillarde parodie de films de vampires dans laquelle jour Christopher Lee lui-même. Dans le rôle de Dracula of course !

Zoltan le chien sanglant de Dracula d'Albert Band (1977)

Un chien vampire !

Martin de George A. Romero (1978)

Vampirisme ou maladie ?

Soif de sang de Roger Hardy (1979)

Une jeune femme est emprisonnée par une secte qui vénère le sang et ses adeptes en consomment. Ils tentent de la rendre addictive au sang, car elle serait la descendante de la comtesse Bathory…

Le Vampire de ces dames de Stan Dragoti (1979)

Humour gentillet qui se veut une dérision des films de vampires. Dracula arrive à New York où il va trouver le grand amour malgré l'opposition d'un descendant de Van Helsing. Le vampire est joué par George Hamilton.

Nosferatu fantôme de la nuit de Werner Herzog (1979)

Merveilleux remake du film de Murnau. Pour les détails voir plus loin le chapitre chefs-d'œuvre…

Le réalisateur d'Aguirre rend hommage à Murnau avec ce remake. Quelques légères modifications du scénario donnent une autre orientation à ce film pourtant très proche du précédent. Jonathan (le Hutter de Murnau) ne prend pas une voiture à l'auberge pour se rendre au col de Borvo, il y va à pied. Ce qui permet à Herzog de filmer une nature sauvage et inhospitalière. À la fin, si Dracula (Orlock chez Murnau) meurt, comme dans le premier film, à cause du champ du coq, le professeur, sceptique jusque là, mais désormais convaincu, lui plante quand même un pieu dans le cœur (méthode jamais utilisée par Murnau) ce qui permet aux autorités de l'arrêter pour assassinat du comte, car il tient dans sa main l'arme du "crime" ensanglantée. Jonathan, vampirisé, prend la place du vampire. *« Il est toujours fécond le ventre qui engendra la bête immonde. »*

Dracula de John Badham (1979)

Frank Langella ne parvient vraiment pas à imiter Lugosi. Scénario du Dracula de Browning remanié (non seulement Dracula séduit la fiancée de Jonathan, mais aussi la fille de Van Helsing et celle du docteur Seward). Quelques scènes intéressantes : l'arrivée du bateau qui transporte Dracula et qui fait naufrage (le vampire se transforme en loup quand les marins russes veulent passer son cercueil par-dessus bord) ; le test du cheval vierge pour trouver le tombeau du vampire ; la fille de Van Helsing transformée en vampire et retrouvée dans d'anciennes galeries de mines sous le cimetière ; la poursuite de Dracula en voiture...

Les Charlots contre Dracula de Pierre Desagnat (1980)

Les Charlots ont sévi aussi sur le Prince des ténèbres...

The Thing de John Carpenter (1982)

Remarquable remake plein d'action, d'horreur et de suspense de *La Chose d'un autre monde* (1951). L'idée du chien qui transporte la Chose dans son corps a été reprise dans *Alien 3* et *Hidden*. Carpenter, très influencé par Lovecraft, reprend le thème de l'horreur interne qui débouche sur la transformation physique. D'ailleurs le roman de Campbel dont est tiré ce film doit vraisemblablement son inspiration au petit roman de Lovecraft : *Les Montagnes hallucinées* dans lequel des archéologues découvrent sur le continent Antarctique les corps gelés d'Anciens qui reviennent à la vie après avoir été décongelés...
La « chose » vampirise les êtres humains en prenant leur place corps et âme.
C'est le sang qui détermine dans ce film si vous êtes humain ou pas...

Un remake homonyme en 2011 : **The Thing** de Matthijs Van Heijningen Jr.

Les Prédateurs de Tony Scott (1983)

Un couple de vampires se nourrit des êtres humains. Mais l'homme ne sait pas que le compagnon de la vampire ne peut que connaître l'agonie éternelle. Il ne sied pas très bien à la glaciale Catherine Deneuve de jouer les vampires.

La Forteresse noire de Michael Mann (1983). Un très bon film au rythme langoureux, au montage délicieusement chaotique. L'histoire est adaptée du roman homonyme de F. Paul Wilson. Une seule chose est ratée et c'est dommage, c'est le monstre dont le design a été concocté par Enki Bilal. Ils auraient dû demander à quelqu'un d'autre. Ce monstre est ridicule. Des soldats allemands en 1941 sont envoyés occuper un poste avancé sur un col des Carpates. Ils élisent domicile dans une grande forteresse inquiétante. Des soldats cupides ouvrent la porte à une entité enfermée dans cette forteresse qui, une fois libérée, se nourrit du mal dont sont porteurs les nazis et grâce à cette énergie maléfique prend forme. Elle cherche à sortir de cette forteresse.....

Est-ce une histoire de vampire ? Une espèce de vampire psychique...

Lifeforce de Tobe Hooper (1985)

Des vampires psychiques extraterrestres.

Vampire vous avez dit vampire ? de Tom Holland (1985).

Scénario simpliste, dentiers grotesques et effets spéciaux limites... La suite :

Vampire vous avez dit vampire ? 2 de Tommy Lee Wallace (1988)

Est nettement mieux !

Les Vampires de Salem de Tobe Hooper (1986)

Adaptation molle du roman de Stephen King qui a tenté de rénover le mythe du vampire. Le vampire est amené à Salem dans son cercueil. L'épidémie commence... Une suite : **Les Enfants de Salem** de Larry Cohen (1987)

Vamp de Richard Wenk (1986)

Un bar louche, des motards et des vampires.

Aux Frontières de l'aube de Kathryn Bigelow (1988)

Un superbe film qui renouvelle vraiment le thème des vampires. Bagarres dans les bars et vampires loubards : le sang demande la mort. Il faut tuer pour vivre éternellement. C'est ce que le nouveau vampire Caleb a du mal à accepter.

Génération perdue de Joël Schumacher (1988)

La même année, un autre film qui renouvelle le genre vampire au cinéma. Pas aussi bon que le précédent...

Embrasse-moi vampire de Robert Bierman (1989)

« Suis-je devenu vampire ou pas ? » Se demande le héros joué par Nicolas Cage...

Le Calice de Jade de Farhad Mann (1989)

Beaucoup d'action, une intrigue très mince et de la musique endiablée.

La Légende des ténèbres de Stuart Gordon (1989)

Avec Anthony Perkins. L'action se passe en Roumanie, sous le régime de Ceaucescu. Les vampires sont installés dans les caves d'immeubles de Bucarest. Ils ne sucent pas le sang en perçant les veines avec leurs dents, mais avec leur langue.

Buffy tueuse de vampires de Fran Rubel Kuzui (1992)

Une petite pompom girl est en réalité une Élue qui est née pour être tueuse de vampires. Le film est un peu parodique des films d'horreur dont il prend le contre-pied : c'est le personnage qui est d'habitude la victime qui, cette fois, est le bourreau de ceux qui sont d'habitude les bourreaux (les vampires) dans les films d'horreur. Le scénario est de Josh Whedon qui créera la série télévisée. L'actrice qui joue le rôle de Buffy dans le film est Kristy Swanson, alors que dans la série télé ce sera Sarah Michelle Gellar. Les événements de ce film ne sont pas toujours les mêmes que dans la série, même certains sont carrément contradictoire avec ceux de la série.

Mais c'est comme ça !

Un Vampire au paradis d'Abdelkrim Bahloul (1992)

Vampire beur de banlieue...

Dracula de Francis Ford Coppola (1992)

La plus fidèle version du roman de Bram Stoker. Sauf dans l'esprit, car Coppola en a fait une histoire d'amour entre Dracula et Mina. Le film est entièrement tourné en décors artificiels. Le scénario développe une partie cachée dans le roman de Bram Stoker : l'attirance amoureuse (sexuelle) de Mina pour le comte Dracula. Pour mieux l'expliquer (ou peut-être, par un certain puritanisme : pour mieux excuser la jeune femme...), le scénariste invente la blessure amoureuse de Vlad Tepes qui a perdu sa fiancée bien-aimée et qui, parce qu'il maudit Dieu, est condamné à la non-mort éternelle. Il reprend (involontairement ?) le scénario du film *Pandora* (1951) d'Albert Lewin. L'amour est donc à la base de tout. Et Dracula, sous la forme d'une énorme chauve-souris, ne dit-il pas à ses adversaires, alors qu'il vient de vampiriser Mina : *« Vous avez vu ce que votre Dieu a fait de moi ? »* Il y a d'autres différences avec le roman : il manque le cimetière de Whitby et Dracula vampirise Mina en l'absence de Jonathan, alors que dans le roman, ce dernier est "endormi" par le vampire dans un coin de la pièce. On a beaucoup insisté, à propos de ce film, sur la contamination du sang. Or cette question est profondément présente déjà dans le roman, puisque c'est le sang du vampire qui contamine les êtres humains pour en faire aussi des vampires. Dans le film, le passage qui présente Van Helsing en cours devant ses élèves, le montre disant : *« La civilisation et la syphilisation ont progressé de concert. »*

Histoire d'amour, histoire macabre. Lucy, présentée dans ce film comme une femme grivoise, "allume" ses prétendants. Elle paiera cher son attirance pour le sexe : elle en deviendra vampire elle-même, pour être ensuite exorcisée par Van Helsing. Ce passage de l'histoire donne les plus belles scènes au film. *« Lucy est la concubine du démon »*, déclare Van Helsing. Enfin, c'est l'amour de Mina qui sauvera Dracula de la damnation éternelle. Car, le doute subsiste, s'agit-il bien de Mina ou d'Elisabeta, la fiancée de Vlad, quatre siècles plus tôt ? On peut se poser la question, car Dracula dit à Mina : *« Vous décrivez mon pays comme si vous l'aviez vu de vos propres yeux. »* Les couleurs jouent un rôle fondamental dans l'évocation des sentiments des gens : le rouge du sang ou des vêtements annonçant le plaisir de la chair et du sang... Le personnage de Van Helsing est différent également : vieux scientifique paillard et aimant la bonne chère, il réussira moins, ici, à être l'adversaire impitoyable de Dracula, car celui-ci conservera Mina comme alliée sur le territoire de l'adversaire jusqu'au bout... Peut-être que le romantisme plaît au grand public, mais il étouffe un peu le fantastique.

Somptueuse image de la croix qui tombe et qui est remplacée par le croissant musulman. Le film est décomposé en trois grandes parties, chacune d'entre elles étant signalée par une belle transition. Transition entre l'œil de la plume de paon et la sortie du tunnel pour le voyage vers Dracula. Transition entre les deux trous, plaies de la morsure du vampire dans le cou de Lucy, et les yeux du loup pour l'idylle entre Dracula et Mina. Transition entre le cercle de feu qui protège Van Helsing et Mina, et le soleil levant qui annonce la fin de Dracula. Le cinéaste emprunte la vague de sang du film *Shining* de Kubrick, il rend hommage au *Nosferatu* (1922) de Murnau en évoquant quelques images célèbres de ce film : la main du cocher (Dracula) qui s'avance exagérément vers l'épaule de Jonathan au col de Borgo, les ombres qui glissent sur les murs du château du comte, le corps du vampire qui se dresse tout droit... Coppola rend aussi hommage à Dreyer, car le titre du livre qu'ouvre Van Helsing est : Vampyre.... Il rend d'ailleurs hommage au cinéma en filmant la première scène de Dracula à Londres avec une caméra de l'époque des débuts du cinéma et il montre Dracula emmenant Mina au cinématographe.

Innocent Blood de John Landis (1992)

Jolie femme vampire (Anne Parillaud) qui ne vampirise et ne tue que les voyous. Une jolie vampire utile à la société. Sauf, une fois, elle ne peut pas achever son travail et le chef de la mafia devient vampire lui-même...

Tale of a vampire de Shimako Sato (1992).

Mortellement ennuyeuse cette histoire de vampire souffreteux pourchassé par le mari cocufié par lui autrefois et devenu aussi un vampire. Il y a la scène du doigt coupé comme référence au Nosferatu de Murnau. C'est tout !

Rencontre avec un vampire de Jœl Bender (1992)

Une jolie détective sert d'appât pour attraper un vampire. Elle est mordue par lui et deviendra un vampire si elle ne le tue pas avant.

Cronos de Guillermo del Toro (1992).

Le *Cronos* du vieil alchimiste du XVIe siècle est retrouvé dans une statue. Une petite machine d'horlogerie en or que n'aurait pas reniée Clive Barker... Il lèche la tache de sang par terre. Il s'appelle Jesus Gris (!) Il ne veut pas l'éternité, car il ne veut pas tuer. Le prologue est formidable ! Anne Rice n'avait rien inventé...

Entretien avec un vampire de Neil Jordan (1994)

Les aventures de Louis et Lestat, les vampires, racontées par Louis à un jeune journaliste qui enregistre la conversation au magnétophone, constitue un événement cinématographique vampirique. Louis devint vampire en 1791 grâce aux bons soins de ce sacré Lestat. Une scène vraiment gothique, celle des évènements au théâtre parisien des vampires et un plan éminemment fantastique, celui du Nosferatu de Murnau que Louis voit au cinéma du quartier. La chanson de générique de fin, *Sympathy for the devil* n'est pas interprétée par les Rolling Stones, mais par les Gun's Roses. Ce film est par certains côtés décevant. Pourquoi ? Ce n'est pas lié à la création cinématographique elle-même, mais au scénario d'Anne Rice, scénario qui part du postulat (beaucoup mieux développé par d'autres, comme Robert Bloch) que parfois, un vampire souffre de son état. En effet, quels sont les problèmes que rencontrent les vampires ? Ils doivent tuer – ce qui est contraire à la religion chrétienne... -, leur corps ne change plus alors que le monde change, et, donc, ils sont immortels. Ils ont un reflet dans les miroirs et, parfois, ils pleurent... On entre donc dans la psychologie du vampire, et, du coup, celui-ci perd tout son mystère, et tout son attrait. C'est dommage, car Neil Jordan n'avait déjà pas réussi à renouveler le mythe du loup-garou avec son film *La Compagnie des loups* (1984)...

La Reine des vampires de Gilbert Adler (1994).

Érotisme vulgaire et Lilith un peu décalée. On essaie de rigoler. Enfin, on ne s'ennuie presque pas. Je préfère le titre anglais *Bordello of blood*, autrement dit, *Bordel de sang* !

La Route de Dracula de Martine Laroche-Joubert (1995)

Documentaire intéressant pour connaître la légende de Dracula sur les lieux où il a vécu.

Nadja de Michael Almereyda 1995

Film inspiré du roman homonyme d'André Breton.
La fille de Dracula, Nadja, vit à New York

Journal intime d'un vampire de Ted Nicolaou (1996).

Un critique trouve ce film nul, le qualifie de série Z. Je ne suis pas d'accord, bien que pour moi être de série Z n'est pas obligatoirement péjoratif. Ce film est pas mal, il y a une ambiance gothique et le scénario est bien meilleur que celui d'Entretien *avec un vampire*...

Dracula mort et heureux de l'être de Mel Brooks (1996)

Parodie et surtout hommage des grands films de ce thème. *Nosferatu* (le livre reçu par le Dr Seward, le vampire qui se dresse de son cercueil, la coupure du doigt...), *Vampyr* (la victime allongée sur un banc dans le parc et le vampire), *Dracula* de Browning (le scénario du film, la toile d'araignée traversée, l'escalier), *Le Cauchemar de Dracula* (la lutte contre le vampire avec la croix et son exposition à la lumière, le sexe), *Le Bal des vampires* (le bal et l'absence de reflet), *Dracula* de Badham (la lutte contre le vampire et sa transformation en chauve-souris dans la chapelle au bord de la mer), *Dracula* de Coppola (la coiffure de Dracula, son ombre autonome). Le scénario est emprunté au *Dracula* de Browning puisque c'est Renfield qui se rend dans le château du comte.

The Addiction de Abel Ferrara (1996)

Une étudiante en philosophie devient vampire et désire mourir. Film en noir et blanc. *« Mon héroïne est héroïnomane [...] Après son initiation au vampirisme, elle prend du sang au dîner comme un bon verre de vin rouge [...] Le vampirisme se trouve dans chaque civilisation au monde. »*[*]

Un Vampire à Brooklyn de Wes Craven (1996)

Un vampire black débarque à New York. Il semblerait qu'Eddy Murphy, producteur de ce film, ait eu envie de jouer un rôle de vampire et qu'il ait demandé à Craven de le mettre en scène... Renfield s'appelle ici Julius. Un bateau entre dans le port sans capitaine et sans matelots qui sont tous morts. Un loup s'en échappe... Les scénaristes (ils se sont mis à plusieurs...) reprennent l'idée de Saberhagen : que s'est-il passé après l'histoire racontée par Bram Stoker ? On sait que Mina portait alors un enfant... Julius se décompose petit à petit. Il y a, malgré tout, plusieurs choses intéressantes dans ce film : le sang qui coule du trou de la serrure, une citation du *Cid*, la parodie de la religion et de ses ouailles, et l'humour gore. Enfin, heureusement qu'il y a aussi le savoir-faire de Craven.

---

[*] Abel Ferrara interviewé par Marcus Rothe dans le journal *L'Humanité* du 10 avril 1996.

Une Nuit en enfer de Robert Rodriguez (1996)

Lutte à mort avec des vampires dans un bar perdu de la frontière mexicaine. Cela ne vous dit rien ? Produit et joué par Quentin Tarantino... Il y a deux suites... *Une Nuit en enfer 2 : le prix du sang* de Scott Spiegel (1999) et *Une Nuit en enfer 3 : le fille du bourreau* de P.J. Psce (2000)

Les Deux orphelines vampires de Jean Rollin (1997)

Jean Rollin, qui fut brièvement directeur de collection chez *Fleuve Noir* y publia son roman dont il a fait ce film. Toujours fidèle à lui-même : c'est surtout l'érotisme qui l'intéresse chez le vampire, comme dans tous ses précédents films. Il a donc embauché de très belles actrices du genre comme Brigitte Lahaie. Il y a aussi Tina Aumont.

Vampires de John Carpenter (1997).

Imaginez le réalisateur faisant un remake de *Rio Bravo* (1959, Howard Hawks), ou du *Train sifflera trois fois* (1952, Fred Zinnemann), ou de *Règlement de comptes à O.K. corral* (1957, John Sturges), en reprenant la violence stylisée de Sam Peckinpah, les décors et les paysages dépouillés de Sergio Leone... Cela risquerait d'ennuyer tout le monde. Il l'a fait quand même, en l'appelant *Vampires* et en s'inspirant d'un roman du même nom de John Steakley (1990). On remplace les gangsters par des vampires, l'autorité fédérale par le Vatican et le tour est joué... et vous avez un chef-d'œuvre. « *J'ai voulu y mettre mon grain de sel, car je n'aimais pas la tournure chochotte et névrosée que prenaient les vampires ces derniers temps. Les vampires n'ont pas d'état d'âme, ils doivent tuer pour vivre. »* Déclare John Carpenter. Une belle critique des vampires un peu niais d'Anne Rice *(Entretien avec un vampire* (1994) de Neil Jordan, est adapté du roman de l'écrivain). John Carpenter n'a jamais eu la cote chez lui aux États-Unis. Ici, en France, on sait le juger à sa véritable valeur : un grand cinéaste qui sait faire de grands films avec peu de moyens. Si cela fait sourire certains d'entre vous, figurez-vous que la cinémathèque française a réalisé une rétrospective complète sur l'œuvre du cinéaste (eh oui !) et que (oui vous ne rêvez pas) les Cahiers du cinéma ont consacré un dossier sur lui. Enfin ! Tout arrive ! Le réalisateur de *Halloween* (1978) le mérite bien. *« Il était temps de donner à John Carpenter la place qu'il mérite dans ces colonnes »* écrit le gardien du temple du cinéma. Cet événement considérable (un dossier Carpenter dans les Cahiers du cinéma, je n'en ai pas cru mes yeux !) mérite quelques citations de John Carpenter qui permettront d'ailleurs de mieux comprendre le film *Vampires* : *« Dans le film, c'est cette synthèse étrange de l'Église catholique et des croyances indiennes primitives qui crée les vampires. Dans le sud-ouest américain, l'arrivée des Espagnols a entraîné la construction de missions catholiques. Il s'y est fait une rencontre étonnante entre le rite catholique et le mysticisme indien. [...] Je trouvais très fascinant le mélange entre cette spiritualité propre au nouveau Mexique et le mythe des vampires. »* – *« J'ai [...] filmé avec plusieurs caméras, ce que je n'avais jamais fait auparavant. Sam Peckinpah travaillait aussi de cette ma-*

nière ; en plaçant des caméras selon six ou douze angles différents, y compris les scènes dialoguées. [...] Puis il trouvait le rythme au montage. » – « Ce qui me rend marginal à Hollywood, c'est que je me sens incapable de tourner des films destinés au grand public. » – « Jacques Tourneur est un très grand metteur en scène. J'ai une passion pour Curse of the demon *(Rendez-vous avec la peur – 1957) C'est un film merveilleux. »* (Voir ce film au chapitre chefs-d'œuvre.) – *« J'ai énormément d'admiration pour le travail de Dario Argento. Je pense qu'il a tourné des films extrêmement dérangeants. Quand on va aussi loin, on s'expose à la critique. Je suis d'accord avec vous : je n'ai jamais compris pourquoi Dario Argento n'a pas eu la reconnaissance qu'il mérite. »* Bon, mais je vous ennuie avec ces références cinématographiques. Revenons à *Vampires*.

Le personnage le plus intéressant du film est celui de Tony Montoya, joué par Daniel Baldwyn, le seul personnage véritablement humain. Il tombe amoureux de la fille vampirisée et ne craint pas de se sacrifier pour elle. Cette prostituée, Katrina, jouée par la superbe Sheryl Lee dont tout le monde se rappelle la prestation dans *Twin Peaks* de David Lynch (le feuilleton et le film) se fait vampiriser par le maître des vampires. Ce qui est nouveau n'est pas le fait qu'il la morde – cela est normal pour un vampire –, mais plutôt *où* il la mord. D'habitude c'est dans le cou. Là non, c'est plus bas, bien plus bas... et selon Valek, le vampire, *« elle ne devrait jamais oublier ce moment »*... Toute l'action se déroule de nos jours dans un décor moderne. Pas d'ambiance gothique (mais l'histoire l'est vraiment...) Cela ressemble au très beau film *Aux Frontières de l'aube* (1987) de Kathryn Bigelow. Il y a donc tous les ingrédients du western : l'amitié, la trahison, l'amour, le duel... À la fin, tout n'est pas réglé, car l'ami de toujours va rejoindre malgré lui le camp ennemi... Revenons à Carpenter, cette fois dans la revue Mad Movies : « *Mon intention dans* Vampires *était d'arriver à un western dans lequel se confondent les mauvais et les bons* ».

Et pour finir : « *Si vous prenez la tragédie trop au sérieux vous emmerdez le monde. Le bon drame se compose notamment d'humour. C'est ce qui dérange, fait peur...* »

Bon vent John !

Une « suite » : **Vampires II adieu vampires** de Tommy Lee Wallace (2002)

Les Ailes de la nuit de Mark Pavia (1997) d'après Stephen King.

Ici pas de vampire chochotte, mais un véritable monstre qui tue et dépèce ses victimes. Il utilise un avion privé et vole ainsi d'aéroport en aéroport. Il est poursuivi par un journaliste très véreux qui veut faire un scoop pour son journal spécialisé dans le paranormal. Excellent film sauf le dentier du vampire…

La Nuit des vampires de Shaky *Gonzales Shaky* (1998)

Un manoir en héritage, la tombe du grand-père dans la crypte et c'est parti ! Ve film danois est peut-être humoristique, qui sait ?

Une Nuit en enfer 2 : le prix du sang de Scott Spiegel (1998)

Dialogues sur un ton ampoulé (excellent !)

Une attaque de chauves-souris dans un ascenseur : mais c'est un film à la télé !

Un type s'évade et téléphone à un copain pour récupérer du fric volé à la « frontière ». Des types caricaturaux qui recrutent des caricatures de gangsters. J'oubliais : il y a aussi une caricature de shérif.

Avec Robert Patrick (qui joua dans *X-Files* 8 et 9e saison et dans *Stargate Atlantis* au début avant de se faire dévorer…)

Autrement sur le plan du tournage on a droit à plein de contre-plongées biscornues…

Enfin le chef arrive dans la boîte de nuit qui se trouve en plein désert (voir l'épisode précédent…).

En fait, il y a une banque à cambrioler à la « frontière », mais il y a des vampires qui ont peur de la croix (heureusement !). D'autre part, à peine mordu on devient sans délai un vampire.

Les vampires sont donc aussi très caricaturaux.

Film très con, mais amusant. Il est fait pour ça d'ailleurs, sans prétention aucune…

Journal intime d'un vampire de Ted Nicolaou (1998)

Série Z jouissive par la nullité de ses effets spéciaux, le mauvais jeu des acteurs (mais ne sont-ce pas les dialogues qui sont nuls ?) et les tentatives très ratées de copier l'univers d'Anne Rice. Un gentil vampire met hors d'état de nuire ses semblables. Il a affaire à une très grosse brute : Ash qui veut s'en prend à Sofia…

Razor Blade smile de Jake West (1998)

Ce film ne tient pas ses promesses. Le prologue en noir et blanc est superbe. Vraiment fantastique. Et ensuite, le réalisateur rate son essai de faire du cinéma hors norme. Enfin, ça se laisse voir.

Blade de Stephen Norrington (1998).

De la techno et du sang... Le scénariste, David S. Goyer, déclare avoir découvert le personnage de Blade dans un comic : *Tomb of Dracula*... À partir de là un nouveau personnage est né.
Les chasseurs de vampires plaisent aux producteurs. Dans ce film, fort bien réalisé, avec des effets spéciaux au service de l'histoire, on donne des explications "scientifiques" au phénomène du vampirisme. Il y a beaucoup de bagarres (il faut donc aimer cela au cinéma...) et le scénario ressemble un peu à celui du *Cinquième élément* de Luc Besson... À part cela, on passe un bon moment sans s'ennuyer, et on retrouve bien notre plaisir d'adolescent en train de lire une bonne vieille BD ! Si on a vieilli trop vite, tant pis !

L'ombre du vampire d'Elias Mehrige (2000).

Pour qui aime le chef-d'œuvre de Murnau *Nosferatu* cet *Ombre du vampire* est une curiosité. En effet, lors de la sortie de *Nosferatu*, le personnage du vampire (c'est-à-dire Dracula, nommé Orlock par Murnau pour ne pas payer les droits à la famille de Bram Stoker...) apparaissait si effrayant que la légende courut que ce rôle était joué par un vrai vampire. C'est le thème de ce film de Mehrige... Le réalisateur insiste également sur le cynisme incroyable de Murnau qui est prêt à tout pour son œuvre.

Dracula 2001 de Patrick Lussier (2001).

Dracula aux États-Unis fréquente les boîtes de nuit... Mais d'où sort-il alors ? Avant de voler un trésor enfermé dans une chambre forte, il faut bien se renseigner sur sa véritable nature !

Blood the last vampire de Hiroyuki Kitakubo (2000)

Est un film d'animation exceptionnel ! On reste scotché devant l'écran face à tant de talent et d'imagination pour l'image et sa mise en mouvement !!! Il y a certainement une allusion politique ou idéologique avec un parallèle entre les démons et le communisme.

Trouble Every Day de Claire Denis (2000).

Ce film est terrifiant ! Si vous avez du courage... Le cannibalisme vu comme une maladie qu'il faut savoir assumer...

Le Petit vampire de Ulrich Edel (2000)

Gentillette animation.
Un gentil petit vampire qui ne se nourrit que de sang de vache redevient humain grâce au passage d'une comète. Mais les chasseurs de vampires ne savent pas qu'il n'en est plus un...

La Sagesse des crocodiles de Po-Chih-Leong (2001)

Encore un pauvre vampire qui tue, mais n'est pas responsable. L'amour le guérira-t-il ?

Les Morsures de l'aube d'Antoine de Caunes (2001)

Un faux film de vampire…

The Breed de Michael Oblowitz (2001).

Dans un futur proche, les États-Unis ressemblent à l'ex URSS. D'ailleurs le film est tourné à Budapest. Ainsi le style architectural gothique est remplacé par le style néostalinien… Les bas-reliefs sont en style réalisme socialiste, et les mots d'ordre surréalistes prolétariens. Il y a même des gens (des vampires) qui veulent fuir clandestinement le pays. L'enfer quoi ! Il pleut beaucoup et il y a beaucoup d'orages. Les vampires sont devenus une race reconnue, mais il y a des renégats. Alors on forme une équipe policière avec un Noir et un vampire. Sympas tous les deux. Le nom des personnages est hilarant ; les vampires : Orlock (le nom donné à Dracula par Murnau dans *Nosferatu*), Lucy Westenra (un personnage vampirisé du roman de Bram Stoker) et une victime : Barbara Steel, l'actrice culte qui interpréta le vampire dans *Le Masque du démon* de Mario Bava, et j'en ai sûrement raté ! On a le plaisir de reconnaître une montée d'escalier qui ressemble fortement à celle du *Dracula* de Browning. On ne s'ennuie pas une minute bien que l'image, quasiment noir et blanc, ne nous permet pas toujours de discerner ce qu'il se passe.

Les Vampires du désert de JS Cardone (2001).

On pourrait presque dire que c'est un très bon remake de l'excellent film *Aux Frontières de l'aube*. Les histoires de vampires nous fascinent pour deux raisons : la vie éternelle avec son prix ; et le fait que le problème a toujours une solution : la lutte contre le monstre. C'est aussi un hommage à *Vampires* de Carpenter, sauf qu'ici les héros ne sont pas des surhommes. En puis c'est tourné comme un western. Et les marginaux ne sont pas seulement les vampires, mais aussi ceux qui les chassent...

La Reine des damnés de Mychael Rymer (2002).

Encore une adaptation cinématographique des vampires *« chochottes »* d'Anne Rice.

Dracula III Legacy de Patrick Lussier (2002)

Voici le troisième volet de la série des *Dracula* qui avait commencé avec *Dracula 2001* du même réalisateur.
Le prêtre défroqué et sons assistant se rendent en Roumanie qui se trouve sous occupation de l'OTAN. Ils pourchassent Dracula. Leur progression est difficile entre vampires et rebelles.
Dracula paie des bandes armées pour lui procurer de la « nourriture ».

Le sang noir gicle contre les murs. Ah ! Que c'est dur d'être un vampire.

Depuis *Dracula 2001*, la série n'a pas progressé. Ici on atteint, je crois, la saturation. C'est pas très bien tourné, avec de faibles moyens, et pas très bien joué. Mais ça se regarde pour se détendre un peu.

Blade 2 de Guillermo del Toro (2002).

Les bagarres sont d'une précision et d'une vitesse inouïes, dignes de bagarres de vrais vampires. Le cinéaste mexicain nous ravit toujours avec son tournage très personnel, mais pas autant que d'habitude because il faut faire des entrées… Ils ont quand même inventé un nouveau monstre, une nouvelle espèce de vampire, mélange des morts-vivants de Romero, de Nosferatu et du monstre de Predator. Vraiment terrifiants, mais c'est comme tout : on finit aussi par s'habituer.

Bloody Mallory de Julien Magnat (2002).

Un VRAI film de série Z. Oui, tourné comme tel. Pas mal du tout. Une anthologie des histoires fantastiques : le Necronomicon, l'exorciste, le village des damnés. On aperçoit les portraits de quelques grands écrivains de fantastiques dont les grands Lovecraft et Poe. Avec des tas d'hommages à Carpenter : *Vampires*, *Le Village des damnés* et surtout *L'antre de la folie*… Le transexuel me rappelle quelque chose, mais je ne sais plus quoi. Je parierais pour *Dobermannn*…

La Fiancée de Dracula de Jean Rollin (2002).

Je me suis tellement ennuyé devant les précédents films de Rollin que je n'ai pas eu le courage d'aller voir celui-ci...

Vlad de Francesco Quinn (2003)

Trois étudiants visitent les Carpates, patrie de Dracula.

La Ligue des Gentlemen Extraordinaires de Stephen Norrington (2003).

Excellent ! Cette idée qui vient d'Alan Moore de reprendre tous les personnages des grands romans de l'époque victorienne ne peut que ravir tout amateur de SF ! C'est du steampunk des plus élaboré... On ne s'ennuie pas une minute et le décalage systématique de la nature de chacun de ces personnages qui ont obsédé la littérature fantastique et le cinéma est très séduisant.

Voici la liste des personnages :

Sawyer a été rajouté par la production pour qu'il y ait un personnage américain...

Allan Quatermain

C'est le héros du roman homonyme (1887) de Henry Rider Haggard qui a écrit également L*es Mines du roi Salomon* (1885).

Haggard fut avec Kipling un efficace et talentueux propagandiste de l'impérialisme anglais...

Quelques films :

Les Mines du roi Salomon (1937) de Robert Stevenson
Les Mines du roi Salomon (1950) de Compton Bennett
Allan Quatermain et les Mines du roi Salomon (1985) de Jack Lee Thompson

Rodney Skinner

C'est l'homme invisible. Comme la production ne disposait pas des droits sur le personnage de l'homme invisible Griffin. Donc Rodney Skinner a volé la formule d'invisibilité de Griffin.

L'homme invisible (1897) est un des chefs-d'œuvre de H.G. Welles le véritable inventeur de la SF, les autres n'ayant réussi qu'à écrire de belles histoires d'aventures... Wells a fait de Griffin (l'homme invisible) un être humain qui perd petit à petit son humanité et s'enfonce inéluctablement dans une paranoïa terrible. Il reste un peu de ce caractère dans Skinner qui accepte de travailler avec la LXG à condition qu'on trouve le moyen de le rendre visible...

Au cinéma toutes les œuvres de Wells ont trouvé une adaptation. *L'homme invisible* ne fait pas exception.

Voici les films :

L'homme invisible (1933) de James Whale, connu pour ses *Frankenstein*. Whale réalise là un petit chef-d'œuvre expressionniste. La scène de l'arrivée de Griffin à l'auberge dans la neige reste dans ma mémoire !

La Revanche de l'homme invisible (jamais diffusé en France)

Le retour de l'homme invisible (1940) de Joe May.

Le Cerveau infernal (1957) de Herman Hoffman avec Robby le robot de "Planète Interdite".

Les Aventures d'un homme invisible (1992) de John Carpenter qui traite le sujet avec beaucoup d'humour...

Hollow Man (2000) de Paul Verhœven qui a réalisé là un petit chef-d'œuvre qui renoue avec le livre et la première adaptation de Whale (si ! si !)

La série télé **L'homme invisible** retourne le personnage pour en faire un héros positif...

Dr Jekyll et Mr Hyde

C'est le personnage du chef-d'œuvre de R.L. Stevenson *Le Cas étrange du Dr Jekyll et de Mr Hyde* (1886).

C'est le roman de la dualité du bon et du méchant dans chaque homme. Le Dr Jekyll a composé une potion qui, une fois bue, vous transforme en bête humaine : le côté obscur de votre personnalité...

De nombreux films ont été réalisés avec ce personnage.

Der Januskopf (1920) de F.W. Murnau

Dr Jekyll et Mr Hyde (1932) de Robert Mamoulian.

Dr Jekyll et Mr Hyde (1941) de Victor Fleming

Le Testament du docteur Cordelier (1959) de Jean Renoir
Les deux visages du Dr Jekyll (1960) de Terence Fisher
Dr Jekyll et Mr Love (1963) de Jerry Lewis
Dr Jekyll et sister Hyde (1971) de Ward Baker
La Machine (1994) de François Dupeyron
Mary Reilly (1995) de Stephen Frears (l'aventure du point de vue de la bonne du Dr Jekyll...)

Mina Murray

Wilhelmina Murray est le personnage féminin principal du *Dracula* (1897) de Bram Stoker.

Elle attire Dracula à Londres parce qu'elle est le sosie de son ancienne fiancée dont la mort l'a conduit dans l'état de vampire où il se trouve. C'est le fiancé de Mina, Jonathan Harker, employé de l'agent immobilier qui l'envoie en Transylvanie chez Dracula qui veut acheter le vieux château de Carfax à Londres...

Dans le roman Mina ne devient pas vampire, bien que certains lecteurs insistent pour trouver une certaine ambiguïté à la fin...

De nombreux films ont utilisé le personnage de Dracula. Je ne vous donne ici que les films qui reprennent plus ou moins l'histoire de Bram Stoker.

Nosferatu le vampire (1922) de F. W. Murnau. Ce film a une histoire extraordinaire : Florence Stoker, la veuve de Bram a attaqué Murnau en justice, car ce dernier a fait son film en l'adaptant de l'œuvre littéraire sans autorisation ! Elle a gagné et fait détruire les copies !!!! Heureusement il a été sauvé au moins une....

Dracula (1931) de Tod Browning. Bela Lugosi joue le rôle du vampire. Le code Hays (31 mars 1930) qui impose des tas de choses aux réalisateurs, notamment pas de sang et pas de sexe (même pas d'embrassade sur la bouche...) rend ce film insipide par rapport aux suivants, mais reste un chef-d'œuvre grâce à Browning et à Lugosi...

Le Cauchemar de Dracula (1958) de Terence Fisher qui, lui, n'était pas bridé par le code Hays !

Jonathan (1970) de Hans W. Geissendorfer
Les Nuits de Dracula (1970) de Jess franco
Nosferatu fantôme de la nuit (1979) de Werner Herzog, un remake du *Nosferatu* de Murnau.

Dracula (1979) de John Badham
Dracula (1992) de Francis Ford Coppola
Le Capitaine Nemo
C'est le personnage du livre de Jules Verne *20 000 lieues sous les mers* (1869).

Jules Vernes n'a pas vraiment écrit de la science-fiction, mais plutôt des aventures fantastiques. Ici, Nemo est le capitaine d'un sous-marin, ce qui à l'époque ne pouvait que surprendre le lecteur. Et n'oublions pas le calmar géant qui s'avère exister réellement... Avec son invention Nemo cherche à se couper du monde...

Je connais une adaptation :
***20 000 lieues sous les mers** (1954) de Richard Fleischer*
Georges Méliès a fait ***20 000 lieues sous les mers ou le cauchemar d'un pêcheur*** que je n'ai jamais vu...

Enfin, signalons l'hommage appuyé rendu à cette œuvre de Verne dans le film ***Sphere*** (1997) de Barry Levinson.
Dorian Gray
Le héros du chef-d'œuvre d'Oscar Wilde *Le portrait de Dorian Gray* (1890)

Un homme accède à l'immortalité grâce à une œuvre picturale : son portrait, qui lui, évolue vers une déchéance inéluctable. Ce bouquin a scandalisé l'Angleterre victorienne. Je n'ai souvenir que de deux films adaptés cette histoire : ***Le Portrait de Dorian Gray*** (1944) d'Albert Lewin et ***Le Dépravé*** de Massimo Dellemona (1970)

Je ne saurais trop insister sur le talent inouï de Lewin qui n'a malheureusement réalisé que peu de films, mais avec ***Pandora*** (1951) il a réalisé un pur chef-d'œuvre (une adaptation du thème du Vaisseau fantôme)

Underworld de Len Wiseman (2003).

Romeo et Juliette chez les vampires. Sacré Shakespeare ! Toujours aussi vivant ! Les Capulet et les Montaigu sont les vampires et les loups-garous. Ce nouveau Roméo et Juliette est excellent. De l'action qui vous tient les nerfs du début à la fin. Un retournement de moralité en milieu de film, les bons deviennent les méchants et vice versa... La fille est extraordinairement belle. Du vrai gothique, lourd et glauque. Les décors sont délicieusement macabres et décadents.

Hypnotic de Nick Willing (2003).

Un délicieux petit film vampirique (mais ici le vampire n'a pas l'apparence habituelle...) fort bien tourné avec les gros plans qu'il faut au moment où il faut pour bien mettre le spectateur dans l'ambiance. Le plan-séquence à la grue qui fait passer l'image d'un côté à l'autre du pont sur lequel passe le métro aérien de Londres est tout un programme à lui tout seul : il montre que certaines constructions sont capables de faire passer les personnages dans un autre monde, celui de la terreur. C'est un peu Lovecraftien. C'est une histoire de sang qui apporte l'immortalité.

Ce film est tiré d'un roman *Doctor Sleep* de l'auteur américain Madison Smart Bell. Je n'ai pas lu le livre, mais franchement le scénario du film a l'air de sortir tout droit du cerveau terrifiant de l'auteur anglais Graham Masterton, à tel point que l'on peut penser au plagiat. J'avais posé la question suivante à Graham Masterton : « *Je pense que l'influence de votre œuvre est très importante dans ces films. Ainsi,* Fantômes contre fantômes *me semble directement inspiré de votre roman* Démences *et* Wishmaster *de votre roman* Le Djinn*. Avez-vous vu ces films ? »* Réponse de Graham : « *Je n'ai regardé ni* Fantômes contre fantômes *ni* Wishmaster*, mais j'ai vu beaucoup de films d'horreur ou de fantaisie qui possédaient apparemment certaines idées de mes ouvrages.*

Les Griffes de la nuit[2], *par exemple, est sorti quelque temps après la publication de mon roman* Les Guerriers de la nuit, *dans lequel des personnes combattent le mal dans leurs rêves. Qui peut dire si Wes Craven a lu ou n'a pas lu ce livre ? Est-ce si important ? Le genre de l'horreur, comme tous les autres, crée ses propres mythes au fur et à mesure. Plusieurs de mes livres s'inspirent librement d'H.P. Lovecraft, simplement parce qu'il faisait partie du peu d'auteurs qui ont créé une mythologie américaine à part entière. Aussi loin que je puisse remonter, je n'ai trouvé aucun film d'horreur qui traitât de la magie et de la mythologie des natifs américains avant* Manitou, *mais il y en a eu plusieurs depuis, tel que* Poltergeist *et ce film où Christophe Walken joue l'ange Gabriel et dont je ne me rappelle plus le titre.* »

Voilà donc une affaire réglée en ce qui concerne le plagiat ! Il y a aussi un peu de l'histoire de *Rose Mary's baby* dans ce film. *Hypnotic* est un film à voir...

Van Helsing de Stephen Sommers (2004).

Excellent film de divertissement. Stephen Sommers a réussi un tour de force avec ce scénario : il reprend tous les grands personnages fondateurs du fantastique moderne et les rassemble dans une seule et même aventure. Une fois fait cela semble aller de soi, mais là je vous assure que c'est très difficile. Le Dr Jekyll (au début seulement... avec donc un hommage à la *Ligue des gentlemen extraordinaires*), Frankenstein, Dracula, le loup-garou.! Il y a aussi de

---

[2] Le premier « Freddy » réalisé par Wes Craven.

nombreux hommages à d'autres personnages de films plus récents : évidemment Indiana Jones avec l'incroyable scène de la diligence et d'autres choses encore, le Dracula de Coppola avec la rivière au fond du gouffre, et puis même une réplique d'Anna à la fin qui est un hommage flamboyant au film de Sergio Leone *Le Bon, la Brute et le Truand*, les scènes de chevauchées dans la forêt tirées des films de La Hammer et *Aliens* (la scène avec Anna et le loup-garou dans le château et les "œufs" de vampires). Il y a aussi James Bond (la scène dans le labo avec les gadgets) et *Vampires* de Carpenter avec le rôle de l'Église dans l'intrigue. Le prologue en noir et blanc qui rend hommage au *Frankenstein* de James Whale est superbe. Quelques petites scènes qui renvoient au "Nosferatu" de Murnau (tâchez de les découvrir…), au *Bal des vampires* de Polanski (d'ailleurs Dracula ressemble étrangement à Polanski…), et puis sans savoir exactement quoi, bien des choses me font penser au *Masque du démon* de Mario Bava. Enfin bref, je n'ai jamais vu un film qui rassemble autant de références cinématographiques, bien plus que celles de l'Universal… Alors ce film est une pépite pour le grand public et *aussi* pour le cinéphile. Le générique de fin à lui seul est un chef-d'œuvre…

Les effets spéciaux sont superbes et les trois fiancées de Dracula aussi ! D'ailleurs voici ce qu'en dit Stephen Sommers interviewé par Marc Sessego dans Sfmag N° 43 : *« Le problème est qu'il y a très peu de jeunes femmes à la plastique superbe sachant jouer. On (*avec Coppola NDLR*) a vraiment cherché partout, et je suis tombé sur cette cassette d'Elena Anaya et j'ai été tellement impressionné que je me suis dit : c'est elle qu'il me faut. »* Les décors sont somptueux, très suggestifs et très vraisemblables ; la photo est également très belle.

Dracula 2 ascension de Patrick Lussier (2003)

C'est la suite de *Dracula 2001*, film dans lequel nous apprenions que le vampire n'était ni plus ni moins que Judas lui-même. On l'a compris, dans ce deuxième opus du même réalisateur, il revient à la vie grâce à des étudiants qui recherchent l'immortalité…
Pas très passionnant, mais regardable.

Blade Trinity de David Goyer (2004)

Le réalisateur fut scénariste des deux premiers *Blade* et il faut bien le dire ce type a beaucoup d'imagination. Dans ce troisième opus bien réussi, on jubile devant ces combats filmés avec une musique qui vous donne envie de participer au ballet. Les acteurs sont excellents particulièrement les vampires très bien interprétés surtout par la jolie brune qui porte très bien la dentition vampire et compose une démarche plus que féline.

Night Watch (Nochnoj dozer) de Timur Bekmambetov (2004).

Film fantastique russe ce film tient ses promesses. Une histoire de bien et de mal non théologique, un cinéaste à la caméra audacieuse, un jeu d'acteurs privilégiant la situation plutôt que la psychologie du personnage, cette psychologie n'étant pas absente puisque le spectateur est invité à réfléchir sur elle en fonction de la réaction des personnages. Un excellent film, avec toute une recherche de nouveaux plans, de nouvelles manières de filmer. Cette nouvelle manière de filmer semble se retrouver chez d'autres cinéastes, notamment français, constituant peut-être une nouvelle école ou tendance. J'ai nommé Jan Kounen et Pitof...

Underworld 2 evolution de Len Wiseman (2005).

Le second volet de cette histoire de guerre entre les loups-garous (lycans) et les vampires. Certains critiques ont trouvé le scénario compliqué ! Rien de plus simple pourtant : un vieux vampire a vu ses enfants frères jumeaux devenir pour l'un vampire et pour l'autre loup-garou. C'était il y a 600 ans. Aujourd'hui, le petit frère veut relâcher l'horrible loup-garou enfermé pendant tous ces siècles. C'est compliqué ça ?

Le film commence avec une scène stupéfiante de combat entre vampires et loups-garous au Moyen Age. Ceux qui n'ont pas compris le scénario ont dû arriver après cette scène...

Le film comprend une grande quantité de très jolis plans et des bagarres à couper le souffle. Excellentissime...

Évidemment ce film n'est pas recommandé pour ceux qui aiment les vampires chochottes et les loups-garous petits chienschiens à sa maman...

Ça saigne énormément et c'est très violent. Wiseman rend hommage à Dracula avec sa scène du bateau qui vogue en direction du port et qui ne manque pas de rappeler le Nosferatu de Murnau...

La belle Kate Beckinsale moulée dans son costume en latex vaut à elle seule d'aller voir le film.

Un excellent film : vivement la 3ᵉ partie !

Stay Alive de William Brent Bell (2005)

Ce film a un côté intéressant dans la mesure où il tente de mêler gothique et jeux vidéo.

En effet, un jeu, *Stay Alive,* met en scène la comtesse Erzebeth Bathory qui assassine les joueurs un à un, dans le jeu, mais aussi dans la réalité.

La comtesse (1560-1614) a vraiment existé ; elle faisait enlever d'innocentes jeunes filles pour les vider de leur sang dans sa baignoire et ensuite elle se baignait dans ce liquide biologique pour rester éternellement jeune. Le blason des Bathory comprenait trois dents de loup d'où, dans le film, l'idée de la manière de la détruire... Cette idée, dans le film toujours, est trouvée dans un livre *Le Marteau des sorcières (Malleus Maleficatum)* livre qui existe également, car il a été écrit par deux grands inquisiteurs (Henry Institoris et Jacques Sprenger) en reprenant les "aveux" de pauvres femmes accusées de sorcelleries et qui, pour la plupart, préféraient avouer n'importe quoi plutôt que d'être soumises à la torture... Ce livre est d'ailleurs disponible en librairie (Éditions Jérôme Millon). Ceci dit, les personnages du film auraient eu du mal à y découvrir comment tuer la comtesse, car il a été publié en 1486, bien avant sa naissance... Enfin, le scénariste a rajouté la diligence noire telle celle du comte Dracula et, pourquoi pas, celle de Jack l'éventreur...

Voilà beaucoup de références plaisantes dans ce film, d'autant plus qu'à ma connaissance, c'est la deuxième fois seulement que la sanglante comtesse Bathory est mise en scène (la première fois ce fut avec *Les Lèvres rouges* (1970) de Harry Kumel avec la splendide Delphine Seyrig).

À part ça il est vrai que le film est un peu plat, mais il mérite quand même d'être vu…

Bloodrayne d'Uwe Boll (2005)

Il est de bon ton de critiquer Uwe Boll, auteur de *Alone in The Dark* (voir ci-dessus) et *House of the Dead* (2003). Je ne suis pas aussi sévère. Même si ce film a eu plein de prix aux Razzies Award…

Une belle jeune femme, mi-vampire, devient chasseuse de vampires. C'est un joli petit film. Très gothique. Rayne (la vampire en question) part à la chasse de reliques qui doivent lui permettre d'approcher Kagan le vampire, son père qu'elle veut tuer, car il a assassiné sa mère. Le scénario ne casse pas des barres, mais ce n'est pas un film pour intellectuels de gôche… Il y a une superbe photo et de superbes images de paysages tournées en Roumanie. Les combats ne sont pas toujours terribles. Lire la chronique de *Bloodrayne 2* plus loin.

C'est une adaptation d'un jeu vidéo.

Tale of Vampires d'Ander Banke (2006)

Ce film suédois de 2006 profite de la longue nuit d'hiver au nord de ce pays, nuit qui dure un mois ! Une espèce de paradis pour les vampires : il fallait y penser.

Il reprend le même genre de scénario que *Le Retour des morts-vivants 2 (*1984) de Dan O'Bannon : la maladie se répand et rien ne pourra l'arrêter jusqu'à ce que tout le monde soit infecté... Ici la maladie en question est le vampirisme et, comble de l'ironie, c'est d'un hôpital qu'elle va infecter toute une ville.

C'est un film pas mal du tout. Bien sûr si on n'aime pas les histoires de vampires et la violence...

Le prologue est excellent et il constitue le message du film : la guerre est à l'origine de tous nos maux, même le vampirisme !

Mais pas de panique : on s'amuse bien en regardant ce film...

(Même base de l'histoire dans *30 jours de nuit*, voir ci-dessous)

Day Watch de Timur Bekmambetov (2006)

La suite de *Night Watch* toujours aussi déjantée.

À la poursuite de la craie. Si ! si ! Il y a du Jean Cocteau dans ce film. On retrouve les mêmes personnages que le précédent, évidemment !

Qu'est-ce qu'on s'ennuie! Des dialogues ennuyeux avec de temps en temps une scène spectaculaire.

Tout cela à la recherche d'un morceau de craie.

30 jours de nuit de David Slade (2007)

Enfin de nouveaux vampires. Ceux du comic dont est tiré ce film. Des êtres assoiffés de sang un point c'est tout. Pas de problèmes existentiels. Pas de romantisme. Des monstres. De plus ils ne parlent pas le même langage que les humains.

En Alaska, il y a trente jours dans l'année où le soleil ne se lève plus. C'est les trente jours qu'aiment ces vampires.

Le film est tourné comme un reportage. Ça se passe toujours la nuit et cela est bien rendu, car la nuit elle-même est stressante. La prise de vue aérienne des vampires agissant en nombre dans la rue est stupéfiante. La scène où le héros décapite un ami contaminé est très angoissante. L'incendie de la ville par les vampires est surprenant. Devenir un monstre pour combattre les monstres : la seule solution. Ce film fait réfléchir sur la monstruosité…

Et la fin est terrible.

Excellent film. Je me répète : stupéfiant !

Le même thème (mais en Suède…) est traité dans le film : ***Tale of Vampires*** d'Ander Banke (2006). Voir ci-dessus.

Je suis une légende de Francis Lawrence (2007)

Une adaptation du livre homonyme (première édition française en 1955) de Richard Matheson.

Avant il y en avait eu deux autres : *Je suis une légende* de S. Salkow et U. Ragona (1964), un excellent petit film joué par le prodigieux Vincent Price, film dont Romero s'est sans doute inspiré pour son *La Nuit des morts-vivants* (ce film de Romero est le fruit de bien des inspirations cinématographiques) et *Le Survivant* de Boris Sagal (1971) qui est très lourd et tout le fantastique a été sorti de cette histoire à dormir debout... Je ne sais pas ce qu'en aurait pensé ce pauvre Richard Matheson...

Dans le film de Lawrence, les effets spéciaux rendent les "vampires" plus effrayants.

Une épidémie (ici on donne au début une explication "scientifique" de son origine, ce qui est tout à fait inutile…) transforme tous les humains en vampires assoiffés de sang, sauf quelques-uns qui sont immunisés, comme notre héros. Pour une fois Will Smith ne fait pas le cabotin.

Au-delà de la réalisation plus que correcte, c'est l'histoire elle-même, donc le génie de Matheson, qui donne toute sa puissance à ce film…

Rise (Blood Hunter) de Sebastien Gutierrez (2007)

Toutes ces belles jeunes filles promises à la mort, victimes des vampires. Ces derniers n'ont rien des vampires "chochottes" autrefois à la mode avec Anne Rice. « *Votre dieu, il est parti ailleurs faire de bonnes actions. Il n'y a que nous ici…* » "Ici", les victimes ne s'endorment pas hypnotisées avant d'être violentées et tuées. Elles vivent leur mort dans une grande souffrance et dans une mutilation.

La fille d'un flic en a été une victime et Sadie aussi… Son "réveil" dans une case de la morgue est hallucinant. Quand elle en sort, elle se "regarde" dans la glace : elle n'a plus de reflet. Elle a soif de sang aussi. La scène du suicide est stupéfiante.

Sadie renaît avec le cœur d'une tueuse.

Elle se met en chasse contre ceux qui ont fait d'elle un vampire. Dans son sillage : le flic, le père d'une des victimes. Sera-t-il un obstacle involontaire à sa vengeance, ou une aide ?

Enfin un film de vampires flippant !

On n'y croit pas à la fin prévue, et pourtant si ! ça arrive ! Un film de vampires excellent ! On entend même le sang couler… L'actrice (Lucy Liu) est superbe.

Bloodrayne 2 (Deliverance) d'Uwe Boll (2008)

Ce n'est plus la même actrice que le précédent.

Ça se passe au Far West avec une musique très inspirée de celles d'Ennio Morricone pour les films de Sergio Leone... Le début de l'histoire est même très inspirée du film *Il Etait une fois dans l'Ouest* : l'arrivée du train dans la petite ville de Deliverance va déchaîner les violences.

Un journaliste arrive à Deliverance pour enquêter sur l'arrivée du train. Une gentille famille de fermiers se fait attaquer par un vampire. Il neige : un hommage au film de Sergio Corbucci, *Le Grand silence,* dont le scénario a également inspiré Bloodrayne 2. Le vampire s'appelle Billy the Kid, et plusieurs personnages mythiques de la conquête de l'ouest sont présents dans le film ! Pat Garrett donne un coup de main à Rayne pour lutter contre les vampires. Il y a bien sûr le saloon dans lequel la lumière orange des lampes à pétrole est très bien rendue. Une partie de poker et une pendaison, etc. Le grand classique quoi ! Le scénario du *Grand silence* est quasiment repris. Ici les méchants sont des vampires.

C'est assez plaisant comme film, cet hommage au western italien mêlé de vampirisme est une curiosité.

Morse de Thomas Alfredson (2008)

Un jeune adolescent marginal se fait une copine avec une nouvelle voisine qui est un vampire.

Thirst, ceci est mon sang de Park Chan-Wook (2008)

Un prêtre se soumet à une expérience au cours de laquelle il meurt, mais revient à la vie grâce à une transfusion sanguine…
Il est devenu un vampire…

Bitten (La Morsure) de Harv Glazer (2008)

Rien d'original dans cette histoire de vampire dans un film fauché. Mais c'est plaisant.
Un jeune ambulancier recueille une jeune fille très chouette couverte de sang. Elle a été mordue et se transforme en vampire.
On s'ennuie un peu devant les longues conversations entre le jeune et son vieux collègue.
Le jeune essaie de trouver du sang à son amie.
« T'es en train de tout foutre en l'air pour une gonzesse ? »
Générique de fin très con… et la fin du générique de fin encore plus con…

Twilight – chapitre 1 fascination de Catherine Hardwicke (2008)

Une adaptation de la trilogie bit-lit de Stephenie Meyer. La société a accepté l'existence des vampires qui vivent donc parmi nous. Une jeune fille tombe amoureuse de l'un d'eux.
Ça se laisse regarder, mais il paraît que les ados sont quasiment accrocs à ce film qui va donc voir sortir ses trois suites.

Twilight chapitre 2 : tentation de Chris Weitz (2009)

Assez ennuyeux, beaucoup plus que le précédent opus. Les combats entre loups-garous et vampires sont bien faits.

Underworld 3 Rise of the Lycans de Patrick Tatopoulos (2009)

Le film commence avec une voix off et ensuite il fait tout le temps nuit… On n'y voit pas grand-chose et, ici, cette histoire de Romeo et Juliette n'est pas originale. La fin est un peu niaise.
Tatopoulos est un excellent artiste créateur des effets spéciaux, mais il a encore beaucoup à apprendre comme réalisateur.

Daybreakers de Peter & Michael Spierig (2009)

Dans un futur proche, les vampires se sont rendus maîtres du monde. Mais ils ont décimé l'espèce humaine. Il ne reste plus que quelques humains et c'est insuffisant pour les nourrir.
Un chercheur vampire qui tente de découvrir un substitut au sang (comme dans la série *Trueblood*) va s'allier avec les humains encore libres e trouver une autre solution.
Cet excellent film de série B avec le non moins excellent Sam Neill, reprend tous les ingrédients du vampirisme à l'aune de la SF.
Les vampires sont classiques, ils meurent à la lumière du soleil ou quand on leur enfonce un pieu

dans le cœur, mais ils vivent dans une société futuriste de haute technologie dont ils sont les maîtres.

Les scènes gore et d'horreur sont parfaitement réussies et nombreux sont les clins d'œil à d'autres films, à d'autres histoires de vampires... À vous de les découvrir.

Bloodrayne : the Third Reich d'Uwe Boll (2010)

Et voici le troisième!
On avait eu Bloodrayne en Fantasy, Bloodrayne en Western et ici on l'a sous le troisième Reich, entre résistants et nazis qui font des recherches sur le vampirisme.
Pas terrible. Mais regardable.
Dommage qu'ils n'aient pas gardé l'actrice du premier. Ils l'ont changée au deuxième et cette dernière a continué dans ce troisième.

Twilight chapitre 3 hésitation de David Slade (2011)
Twilight chapitre 4 Revelation 1ère partie de Bill Condon (2011)
Twilight chapitre 5 Revelation 2ème partie de Bill Condon (2012)
Les trois derniers films de la saga.
Dans le chapitre 4, après avoir hésité dans le chapitre 3, la petite jeune fille amoureuse du vampire est enceinte de lui (!) et meurt pendant l'accouchement. Un seul moyen de s'en sortir la transformer en vampire ce qui est fait. Amusant non ?
Voyons la fin. Le chapitre 5.

Le générique est très ennuyeux. La jeune vampire ne tue pas la biche, mais le méchant lynx qui voulait la manger ! La morale est sauve !

Donc une petite fille est née d'un vampire et d'une humaine. Mais qu'est-ce ?

Ce petit bébé a un lien avec le loup-garou amoureux de sa mère !

Tout cela ne plaît pas à tout le monde bien sûr. Donc voilà les ennuis qui arrivent, et l'ennui reste toujours.

Les enfants immortels sont des vampires incontrôlables. La petite presque nouveau-née n'en est pas un.

Mais, hélas, certains le croient. Ça sera donc la guerre.

Ici on mélange le Bit Lit et X-men. Même la bataille finale est… bidon !

Et le loup-garou, amoureux transi, a son lot de consolation.

Le meilleur des mondes !

Fright Night de Craig Gillespie (2011)

C'est un remake de *Vampire, vous avez dit vampire ?* (Tom Holland 1985), un petit film ringard qui est devenu grand selon certains… Le numéro 2 est nettement mieux (réalisé par Tommy Lee Vallace 1988)

Ce *Fright Night* ne vaut pas bien mieux. La plupart des scènes importantes se déroulent dans le noir, on ne voit rien, les acteurs sont médiocres, particulièrement celui qui joue le vampire.

Livide de Julien Maury, Alexandre Bustillo (2011)

Des jeunes gens pénètrent dans une vieille maison dans laquelle se trouve une vieille dame dans le coma... « Braquer la maison d'un vampire, est-ce une bonne idée ? » affiche la bande-annonce... C'est très très dur !

The Thing de Matthijs Van Heijningen Jr. (2011)

On se souvient que dans *The Thing* de John Carpenter, le film commence par l'arrivée d'un chien poursuivi par un homme en hélicoptère qui vient d'une station polaire norvégienne. Le chien était porteur de la « chose ». Excellent film, et vrai remake de *La Chose d'un autre monde* (1951), car les scientifiques de la station polaire découvrent l'extraterrestre congelé, alors que le film de Carpenter commence après, quand les résidents de la station polaire norvégienne ont déjà été complètement exterminés.

Ce film de Van Heijningen Jr. raconte donc ce qui s'est passé dans cette station polaire norvégienne. Il se veut donc une préquelle du film de Carpenter, mais c'en est quasiment un remake puisque le récit est le même. Tous les êtres humains de la station sont vampirisés par la « chose » jusqu'au chien...

À quand la suite du film de Carpenter qui finit par une ambiguïté : le spectateur se demande si l'un des survivants n'est pas contaminé par « la chose » ?

Priest de Scott Stewart (2011)

Ce film est inspiré d'une BD de Min-Woo-Hyung. Seuls les scénaristes de BD ont suffisamment d'indépendance d'esprit pour inventer des histoires invraisemblables. Tant mieux si le cinéma en profite ! Ici nous sommes dans un futur lointain où la guerre entre les humains et les vampires s'est soldée par la défaite de ces derniers. Cette victoire est due aux prêtres guerriers de l'Église, courageux, invincibles.

Une voix off raconte tout cela alors que défilent des planches de dessins grossièrement animés. Cela ressemble au prologue du "Dracula" de Francis Ford Coppola.

D'ailleurs la jeune fille enlevée par les vampires se prénomme Lucie, l'un des personnages féminins principaux du "Dracula" de Bram Stoker.

Nous sommes donc dans une société fasciste dominée par l'Église. Le héros de l'histoire est un prêtre guerrier qui va s'opposer à l'Église pour délivrer sa nièce qui a été enlevée par les vampires, qui ne sont pas beaux ! C'est le moins qu'on puisse dire.

Le style est très western, et il y a même un train qui joue le rôle principal dans l'histoire.

Ce film est un mélange des genres du genre : vampires, post apocalyptique, western, manga, etc.

Seulement deux citations :

"Qui ne connaît aucun péché, ne peut connaître le plaisir »…. Déclame l'homme-vampire.

"Notre pouvoir ne nous vient pas de l'Église, il nous vient de Dieu" déclare la femme prêtre-guerrier…

De très belles bagarres et de très beaux effets spéciaux.

Vampyre Nation de Todor Chapkanov (2012)

Des vampires sont détectés à Bucarest. Désormais, il faudra coexister. Jusqu'au jour où une gargouille dévore vampires et humains.
Le fruit d'une épidémie genre rétrovirus.
On fait donc une alliance humains-vampires.
Histoire visiblement inspirée de *Blade II* : une nouvelle espèce au-dessus des vampires dans la chaîne alimentaire et un traître…
Un film de série B, enfin presque Z…avec quelques moyens en studio.
Mais ça se regarde, tout est simple, c'est ce qui plaît, on ne se prend pas la tête.
(Un des personnages principaux s'appelle Harker.)

Abraham Lincoln chasseur de vampires de Timur Bekmambetov (2012)

Très originale l'idée ! Très amusant le scénario et le film aussi, bien sûr.
Comment Lincoln est-il devenu chasseur de vampires ? Eh bien, en rencontrant un chasseur de vampires of course !
Et il accepte de le devenir pour venger sa mère tuée par un vampire quand il était enfant…
Il se lance dans la politique, y réussit comme on sait, puis les vampires le rattrapent.
Les vampires sont enrôlés par la Confédération pendant la guerre civile.
J'adore ces films dans lesquels les héros réalisent l'impossible. Il faut que ce soit très bien filmé pour être crédible. C'est la magie du cinéma.
Abraham Lincoln est éternel !
Ce film est tiré d'un roman de Sith Grahame-Smith.
Tim Burton est parmi les producteurs.

Underworld : Nouvelle ère de Marlind et Stein (2012)

Quatrième opus des films *Underworld* sur la guerre entre les vampires et les lycans.
Très nul. Kate Beckinsale est toujours aussi belle, mais le scénario est indigeste. Pourtant ils s'y sont mis à quatre pour le rédiger !

Twixt de Francis Ford Coppola (2012)

Que signifie Twixt ?
Réponse de Coppola dans Paris Match : « En français cela veut dire "entre". Le titre original était "Twixt Now and Sunrise", car le récit se déroule entre le rêve et la réalité, entre le succès et l'échec, entre la vie et la mort. »
Ce petit film (petit par le petit budget, mais grand pour l'art) est superbe.
Coppola est revenu à ses vrais amours : réaliser un film comme il le veut sans avoir derrière lui des argentiers qui exigent ceci et cela. Il a commencé sa carrière avec Roger Corman c'est dire !
Revenons au film.
Il y a une petite vampire (enfin, on le saura tard dans le film, désolé…) et un clocher avec sept horloges, clocher qui n'est pas sans rappeler l'église abandonnée de Federal Hill de la nouvelle de Lovecraft *Celui qui hantait les ténèbres* (1935), nouvelle dans laquelle il tuait Robert Blake en réponse à Robert Bloch qui avait tué HPL (avec son autorisation) dans sa nouvelle *Le Visiteur venu des étoiles* (1935) …

Un écrivain d'histoires fantastiques (il est « spécialiste » des sorcières) arrive dans un petit bled pour dédicacer ses livres dans la quincaillerie. Il rencontre une pâle jeune fille tout de blanc vêtue.

Il y a un vieil hôtel abandonné (mais est-ce bien sûr ?) dans lequel se seraient déroulées des horreurs dont les victimes seraient des enfants...

L'écrivain (joué par le sublime Val Kilmer, qui sait si bien ne pas se prendre au sérieux tout en faisant excellemment son boulot) visite les lieux et le temps en rêve avec Edgar Allan Poe... Cela aussi c'est lovecraftien.

C'est d'un macabre vaporeux, une hantise terrible, un film complexe, une complexité qui peut le rendre ennuyeux. Mais il n'est pas fait pour divertir, mais pour réfléchir.

Un très beau film sur la création littéraire, l'inspiration, la culpabilité et la Mort.

La Mort, toujours tellement présente

Dylan Dog de Kevin Munroe (2010)

Sortie en DVD en juillet 2012.
Un film tiré du comics américain de Tiziano Sclavi.
On verra dans le film qu'un vampire, celui qui tient en main la croix de Belial, s'appelle Sclavi.
Seules les BD, et particulièrement les comics américains et aussi, désormais les Manga, ne craignent pas d'inventer des histoires extravagantes et complètement déjantées. Avant eux le cinéma n'avait jamais osé, ou si peu... Maintenant il les adapte et ça donne des films surréalistes, pleins de candeur et de naïveté. Comme ce *Dylan Dog*.

Un détective de l'étrange, un tantinet bellâtre, est entraîné dans une enquête qu'il avait refusée dans un premier temps.
Classique.
Il est un grand connaisseur du monde occulte des zombies, loups-garous, vampires et autres monstres... Tous ces braves monstres vivant incognito parmi nous. Vous n'en avez jamais vus ?
Classique aussi. Depuis quelques années.
On aperçoit un moment une affiche des Marx Brothers collée sur une porte. Message : « Ne prenez pas ce film trop au sérieux. »
En fait, il s'agit de chasser le « cœur de Belial », vous savez, Belial, le démon, l'ange déchu devenu roi de l'enfer... Ce « cœur » est un bijou en forme de croix avec un peu de sang qu'il suffit d'injecter à un monstre et Belial investira son corps.
Très classique aussi la fin à tiroirs, fausse fin, puis une deuxième fausse fin, etc.
Enfin, ils arrivent quand même à nous surprendre...
On passe un bon moment.

Dark Shadows de Tim Burton (2012)

La voix off qui raconte est un procédé trop facile.
Les effets spéciaux numériques sont exagérés.
Johnny Depp n'est pas très bon en vampire.
Un pauvre type est maudit par une sorcière jalouse. Il est transformé en vampire.
Le pôvre... Il est enterré et déterré en 1972 deux siècles plus tard.
Il y a quelques erreurs, le marbre de Carare n'est pas importé de Florence... Idiot, comme son nom l'indique il est importé de Carare !

Le vampire va retrouver sa famille et, parmi elle, la gouvernante qui ressemble comme deux gouttes d'eau à sa bien-aimée. Of course !
C'était d'ailleurs à cause de cette bien-aimée que la sorcière fut jalouse.
Tout un tas de références au Nosferatu de Murnau...
Il y a aussi le bal des vampires...
Tout est téléphoné et très prétentieux.

Dracula 3D de Dario Argento (2013)

Quelle joie de voir un nouveau film de Dario Argento !
D'autant plus que c'est Sergio Stivaletti qui supervise les effets spéciaux !
Argento s'exprime beaucoup dans ses plans, son montage et ses perspectives. Sur ce dernier point, il utilise à fond la 3D.
Il filme le même personnage à l'intérieur, puis à l'extérieur. Là où il est en sécurité et là où il est en danger...
La trame n'est pas la même que dans le roman de Dracula. Mais le cours de l'historien est respecté. Les citations aussi comme cette exclamation de Dracula quand il entend hurler les loups : « Écoutez-les ! Les enfants de la nuit... »
Il y a quelques variantes pour certaines scènes, comme celle du doigt coupé : ce n'est pas Dracula qui suce le sang de ce doigt...
Ce n'est pas non plus Lucy qui est exorcisée par Van Helsing, mais un personnage inventé pour l'occasion.
L'aspect onirique est développé et fabuleusement traité. Les plans sont étudiés pour rendre les perspectives étranges comme dans le cinéma expressionniste. Un

hommage direct est rendu au *Nosferatu* de Murnau.
Un expressionnisme de couleurs…
Ainsi, plusieurs plans de l'escalier en contre-plongée symbolisent (selon moi) le destin comme dans le *Cabinet du Docteur Caligari*… Ou comme dans la *Maison de la sorcière* de Lovecraft… Nouvelle dans laquelle Lovecraft écrit : « On retrouva Gilman sur le plancher de sa vieille mansarde aux angles bizarres… » ou encore : « L'espace étroit au toit pointu illuminé de violet, avec son plancher oblique… »
L'amour est éternel ! 400 ans après, Dracula n'a pas oublié sa bien-aimée.
« La passion est aussi dévastatrice qu'un bûcher ! » S'exclame Van Helsing.
Une fois de plus Argento a su nous surprendre avec un thème pourtant éculé. Il a inventé un nouveau Dracula, une nouvelle histoire, du moins, une nouvelle manière de la raconter. Comme il a toujours su le faire.
Films : ***Nosferatu le vampire*** de Friedriech Wilhelm Muranu (1922) - ***Le Cabinet du Docteur Caligari*** de Robert Wiene (1919) - Texte : **La Maison de la sorcière** de Howard Phillips Lovecraft (1932)

Dracula Untold de Gary Shore (2014)

Une fois de plus Dracula ne veut pas être un vampire !
Il a voulu l'être un moment pour vaincre les Turcs, mais ensuite il lutte pour ne pas le rester…
« Être ou ne pas être un vampire ? » Vlad se pose la question !
Belles images, beau jeu des acteurs.

Survol de quelques autres séries télé

Vampires et Bit lit…

Il y a deux séries télé qui se sont engagées résolument dans ce genre qui décrit des intrigues assez violentes dans un monde où les vampires sont à visage découvert ainsi que d'autres « monstres » comme les loups-garous, les métamorphes, les fées, les sorcières, etc. *True Blood* et *Vampire Diaries*

True Blood d'Alan Ball (créée en 2008) avec Anna Paquin, Stephen Moyer
4 saisons 48 épisodes à l'heure où j'écris ces lignes (novembre 2011)

Ici les vampires peuvent côtoyer les humains, car on a découvert le moyen de synthétiser le sang, ce liquide merveilleux est appelé « True Blood »…
C'est bien ! Mais évidemment les vampires ne se satisfont pas de cet ersatz… Ils préfèrent le sang chaud qui coulent des artères de belles jeunes femmes, et faute de mieux, de n'importe quel humain…

De plus ces vampires sont de chauds lapins. Ça baise beaucoup dans cette série. D'ailleurs selon certains c'est ce cul qui est la base de son succès particulièrement chez les ados...

Moi j'y vois une espèce d'idéologie anti puritaine qui s'exprime clairement dans le générique que je trouve très amusant.

Il y a aussi une nouvelle drogue, le « V », le sang de vampire qui vous donne des effets époustouflants quand vous en prenez...

Il y a beaucoup de morts, le sang coule, les méchants deviennent gentils, et vice versa, parfois on le croit, mais on est trompé par le scénariste...

Le personnage principal est Sookie Stackhouse, une petite jeune blondinette qui lit dans les pensées. Mais cet attribut ne prend que peu d'importance dans les intrigues qui s'imbriquent d'un épisode à l'autre. Elle a l'air angélique, mais ne vous y fiez pas, elle baise beaucoup aussi, et ne parlons pas de son frère Jason...

Toutes ces histoires sont inspirées de l'œuvre de Charlaine Harris : *La communauté du sud* publiée chez Pygmalion...

The Vampire Diaries de Kevin Williamson, Julie Plec (créée en 2009) avec Nina Dobrev, Paul Wesley

4 saisons 44 épisodes à l'heure où j'écris ces lignes (novembre 2011)

Kevin Williamson s'était spécialisé dans les films d'horreur dont l'intrigue se déroule sur les campus américains. Il développe ici cette aptitude en mettant en scène des vampires qui sont restés à l'âge ado qui vivent sur un campus…

Les vampires ici, sont facilement amoureux, ils peuvent vivre au soleil grâce à une bague et luttent contre leur diabolique nature…

Le passé les hante notamment avec Katrina, le sosie de l'héroïne principale, Elena Gilbert.

Cette dernière est amoureuse des deux frères vampires : Stefan et Damon Salvatore. Ah ! ces Italiens !

Il y a aussi des loups-garous, bien sûr, dont la morsure peut être mortelle pour un vampire.

Je trouve l'intrigue plus souple, plus élégante que dans *True Blood*…

Autres séries vampiriques :

Les Contes de la crypte (ou d'outre-tombe). Série américaine en couleurs. 1989 – 1992. Chaque épisode est présenté avant et commenté après par la « momie ». Grand guignol très moralisateur malgré les apparences, car la morale de la plupart des épisodes d'horreur basés sur une intrigue policière pourrait se résumer à « bien mal acquis ne profite jamais ». Il y a aussi quelques épisodes vraiment fantastiques. *Un Vampire récalcitrant* met en scène une de ces créatures qui refuse son état et qui se console en travaillant comme veilleur de nuit dans un centre de transfusion sanguine ; une jeune employée tombe amoureuse de lui… *La Momie qui ne voulait pas mourir* est une variation sur le thème des momies qui reviennent régulièrement à la recherche de leur amour. *L'amour parfait*, très misogyne, montre l'image de la femme mangeuse d'hommes… *Nuit de Noël pour* *femme adultère*, réalisé par R. Zemeckis, raconte la nuit sanglante de Noël d'une femme qui vient d'exécuter son mari et qui subit les assauts meurtriers d'un psychopathe évadé de l'asile déguisé en Père Noël. Quant à *Une Punition à la mesure du crime* (titre ironique...), cet épisode décrit un monde judiciaire affreux à la justice radicale et expéditive, monde dans lequel une brillante avocate est condamnée aux Travaux d'intérêt général. Des réalisateurs aujourd'hui connus ont réalisé certains épisodes : Robert Zemeckis, Richard Donner, Jack Sholder, Stephen Hopkins, Jœl Silver et même Tom Hanks qui joue d'ailleurs dans l'épisode qu'il a réalisé... D'autres acteurs ont joué quelques rôles secondaires... J'ai détecté également Jan de Bont comme directeur de la photo d'un épisode...

Kindred le clan des maudits. Les gens de la mafia ne sont pas des êtres humains comme vous et moi : ce sont des vampires. Il y en a même qui sont chauves avec de grosses lèvres lippues, et devinez de quel clan ils sont ? Du clan des Nosferatu bien sûr... Les vampires sont immortels, sexuellement très performants et ils s'enflamment à la lumière du soleil. Le concept aurait pu être intéressant s'il avait pu se développer. Hélas, l'acteur principal (Mark Frankel qui joue le rôle du chef de clan Julian Luna) s'est tué dans un accident de moto !

Les Prédateurs (Tony et Ridley Scott) 1997. Vous connaissez Ridley Scott, le réalisateur d'*Alien le huitième passager* et de *Blade Runner*. Tony est son frère. Il a réalisé *Les Prédateurs* avec Catherine Deneuve et David Bowie. Les deux frères nous ont concocté une série fantastique d'un modernisme qui aimante l'œil. Ces courtes histoires sont presque toutes intéressantes par la manière dont elles sont traitées. Elles parlent des différentes convoitises humaines qui nous mènent parfois à notre propre horreur. Certaines histoires (les meilleures) ont été écrites par le génial Graham Masterton. Notamment, celle sur le *Shi-Tan*, livre occulte de cuisine, histoire dans laquelle l'écrivain anglais traite du cannibalisme avec une élégance rare...

Moonlight de Trevor Munson, Ron Koslow (2007)
Une saison, 16 épisodes
Arrêtée en 2008

Encore un vampire désespéré de sa condition, de son immortalité...
Curieux non ?
Ce vampire est devenu détective et est amoureux d'une jeune femme qu'il avait sauvée, quand elle était enfant, des griffes de sa femme (vampire qui l'avait « transformé » lui).
Assez léger comme histoires...

Being Human, la confrérie de l'étrange de Toby Whithouse (2008)
4 saisons 16 épisodes

Un trio très fantastique : un vampire, un loup-garou et un fantôme (une jeune femme) sont colocataires et ont beaucoup d'états d'âme sur leur condition.
Comment avoir une vie sociale « normale » ?

L'idée n'est pas mauvaise, mais c'est très mal filmé et très mal joué.

Cette série est anglaise et les Américains en ont fait une avec le même thème et les mêmes personnages : **Being Human**, 2 saisons 13 épisodes, toujours en production à l'heure où j'écris ces lignes…

Il y a des épisodes vampiriques dans **Supernatural** (Dans un épisode Dean Winchester devient vampire, mais il sera guéri !), **X-files** (deux épisodes dont l'un montre Mulder amoureux d'une vampire**)**, **Au-delà du réel** et les **Contes de la crypte**…

Et n'oublions pas **Buffy contre les vampires**, série de 7 saisons et 144 épisodes créée par Josh Whedon en 1997. Buffy Anne Summers est une tueuse de vampires, une Élue. Whedon voulait créer le personnage d'une petite femme blonde qui n'est plus la victime qui se fait tuer dans les coins sombres, mais une femme à l'aspect fragile douée d'une force extraordinaire et qui affronte l'ennemi le plus coriace qui soit.

Dracula de Cole Haddon et Tony Krantz (2013)

Le prologue du pilote est saisissant !.

Un mélange habile de Dracula et Frankenstein qui ne tient pas ses promesses.

Une histoire très originale de Dracula dans un monde steampunk sur une découverte du champ électrique.

Un mélange de moralité et d'immoralité, d'amour et de haine, toute la dialectique de Dracula.

Tout le monde est guidé par l'amour et le pouvoir.

Dommage, la série a été interrompue, car, comme je l'ai écrit plus haut, elle n'a pas tenu ses promesses.

Penny Dreadful de John Logan (2014)
Série Netflix. Deux saisons.

"Penny Dreadful" c'était des petits bulletins d'histoires d'horreurs vendus un penny pendant l'époque victorienne en Angleterre.

La série poursuit cette tradition en rassemblant tous les monstres de la tradition littéraire : vampires, zombies, éventreur, ainsi que ses personnages : Frankenstein, Dorian Grey, Nina Murray, Jack l'éventreur, Van Helsing, (donc aussi Dracula) et… Buffalo Bill, enfin, une sorte de Buffalo Bill.

Quelques plans de corps dépecés, des monceaux de corps dépecés. Ils font parler les morts aussi. Il y a profusion… Quelques soupçons de vulgarité et du sexe.

Le « monstre » du docteur Frankenstein qui n'est pas monstrueux, sort se promener. Victor veut vaincre la Mort. La maladie et la mort, c'est dégoûtant. Enfant, il avait commencé par lire un traité d'anatomie humaine.

« Ça » était une abomination.

« Ces machines pleines d'engrenage et de dents. »

Le Grand-Guignol va enseigner le plaisir de l'horreur au « monstre » de Frankenstein.

Les trois comédiens les plus vampiriques

Bela Lugosi (1882 – 1955).

Sa naissance fut marquée par le destin. En effet, comme par prémonition, il naquit à Lugos en Hongrie, non loin de la demeure de Dracula ! De son vrai nom Bela Blasko, il fut acteur de théâtre dès 1902 et tourna son premier film en 1917 en Allemagne avant d'émigrer aux États unis. Il devint célèbre en interprétant le rôle de Dracula dans le film de Tod Browning (1931). Cette chance (rappelons que Browning lui confia le rôle parce que Chaney qui devait l'interpréter était mort...) n'en fut pas vraiment une, car Bela Lugosi fut littéralement enfermé dans ce rôle du vampire et souffrit des rôles médiocres qui lui furent systématiquement confiés dans des films de série B. Le sort s'acharnait contre lui, car il refusa le rôle de Frankenstein dans le film de James Whale, sous prétexte que c'était un rôle de monstre ! Il permit ainsi à Boris Karloff d'entrer dans la légende du cinéma fantastique. La rumeur disait qu'il était tellement imprégné de son personnage de vampire qu'il dormait la nuit dans un cercueil ! Mais ce n'était qu'une légende... Son meilleur rôle est celui du vampire dans *La Marque du vampire* de Tod Browning (1935). Souffrant de douleurs à la colonne vertébrale, il devait prendre des drogues et s'accoutuma aux stupéfiants... Il mourut pendant le tournage de *Plan 9 from outer space* (1959) d'Edward D. Wood Jr, le film le plus mauvais de l'histoire du cinéma. On le remplaça par une doublure bien plus grande que lui et qui cachait son visage derrière son bras pour ne pas être reconnu ! Wood Jr a inspiré à Tim Burton un film de biographie... Lugosi n'a joué que dans un seul film non fantastique, dans *Ninotchka* (1939) d'Ernst Lubitsch. Comme il n'est pas mon acteur préféré et qu'il fait l'objet d'un véritable culte par certains, je cite, en conclusion, Claude Beylie qui a écrit un article sur cet acteur dans *l'Avant-Scène* : «... *il exauce à merveille le rêve d'André Gide, sortant du* Nosferatu *de Murnau, d'un Dracula charmeur, capable de séduire ses victimes. Ainsi était-il tout désigné pour entrer dans l'univers d'Edgar Allan Poe ; comme celui-ci, il pouvait dire : "Je me fais l'effet d'un ange qui veut s'asseoir à un banquet de monstres". Lugosi, bel ange noir de nos nuits blanches, n'a eu que le tort d'appliquer au pied de la lettre le précepte romantique : récusant un art fondé sur la convention, il a – dirons-nous, en paraphrasant Lamartine – doté la Muse cinéma des "fibres mêmes du cœur de l'homme, touchées et émues par les innombrables frissons de l'âme te de la nature".* »

Quelques films :

Dracula (1931) de Tod Browning – Double assassinat dans la rue Morgue (1932) de Robert Florey – White Zombie – les morts-vivants (1932) de Victor Halperin – L'île du docteur Moreau (1933) d'Erle C. Kenton – Le Chat noir (1934) d'Edgar George Ulmer – La marque du vampire (1935) de Tod Browning – Le Corbeau (1935) de Louis Friedlander – Le rayon invisible (1936) de Lambert Hillyer – Le Fils de Frankenstein (1939) de Rowland V. Lee – Le loup-garou ((1942) de George Waggner – Frankenstein rencontre le loup-garou (1943) de Roy William Neill – Le retour du vampire (1945) de Lew Landers – Le Récupérateur de cadavres (1945) de Robert Wise – Deux nigauds contre Frankenstein (1948) de Charles T. Barton...

Christopher Lee (né en 1922).

D'abord acteur de théâtre puis de cinéma (*Moby Dick* (1955) de John Huston, par exemple) Christopher Lee fut sollicité par Terence Fisher, cinéaste préféré de la Hammer Films, pour interpréter le rôle de Dracula. Ce rôle le rendit célèbre, car il l'interpréta d'une manière nouvelle avec virilité, séduction et monstruosité. La sexualité et le sang deviennent alors les ingrédients principaux de ses films et son interprétation va bien dans ce sens. À notre époque, c'est lui qui personnifie le personnage de Dracula. Mais il ne se contenta pas de jouer seulement le rôle de ce monstre, il joua celui de la créature de Frankenstein, de Fu Manchu, de la Momie, de Raspoutine et de l'horrible Kurt, dans *Le Corps et le fouet* de Mario Bava. C'est le rôle de Dracula qui reste dans toutes les mémoires et ce n'est pas le moindre de ses exploits que d'avoir détrôné Bela Lugosi pour cette interprétation.

Quelques films (parmi les innombrables de sa filmographie) :

Frankenstein s'est échappé ! (1957) de Terence Fisher – Le cauchemar de Dracula (1958) de Terence Fisher – Le chien des Baskerville (1958) de Terence Fisher – La malédiction des pharaons (1959) de Terence Fisher – L'homme qui trompait la mort (1959) de Terence Fisher – Les deux visages du Dr Jekyll

(1959) de Terence Fisher – Les Mains d'Orlac (1960) d'Edmond T. Greville – Hurler de peur (1961) de Seth Holt – Les temps sont durs pour les vampires (1961) de Stefano Vanzina Steno – Hercule contre les vampires (1961) de Mario Bava – La vierge de Nuremberg (1962) d'Antonio Margheriti sous le pseudonyme d'Anthony Dawson – Le corps et le fouet (1962) de Mario Bava – Dracula prince des ténèbres (1965) de Terence Fisher – Les vierges de Satan (1968) de Terence Fisher – Les cicatrices de Dracula (1970) de Roy Ward Baker – La Chair du diable de Freddie Francis (1972) – Dracula père et fils (1976) d'Edouard Molinaro – Sleepy Hollow de Tim Burton (1999) – La malédiction de la momie de Russel Mulcahy (2000) – Le Seigneur des anneaux, trilogie de Peter Jackson (2001)

Peter Cushing (1913 – 1994).

Acteur fétiche de Terence Fisher qui fit sa gloire avec le rôle du docteur Frankenstein dans lequel il excelle avec son air très flegmatique et néanmoins impitoyablement horrible. Ce sont les films d'horreur qui ont fait sa renommée, surtout ceux qu'il joua avec Christopher Lee, en interprétant Van Helsing. Il peut tout jouer comme tout excellent acteur. On l'a même vu dans *La Guerre des étoiles* de Lucas...
Quelques films :
Frankenstein s'est échappé ! (1957) de Terence Fisher – Le cauchemar de Dracula (1958) de Terence Fisher – La revanche de Frankenstein (1958) de Terence Fisher – L'impasse aux violences (1959) de John Gilling – Le Cauchemar de Dracula (1959) - Le

chien des Baskerville (1959) de Terence Fisher – La malédiction des pharaons (1959) de Terence Fisher – Les maîtresses de Dracula (1960) de Terence Fisher – Les chevaliers du démon (1960) de Roy Ward Baker – Le train des épouvantes (1964) de Freddie Francis – Les Daleks envahissent la Terre (1965) de Gordon Flemyng – Le crâne maléfique (1965) de Freddie Francis – Frankenstein créa la femme (1967) de Terence Fisher – Le Vampire a soif (1968) – Le retour de Frankenstein (1969) de Terence Fisher de Sewell – The Vampire Lovers (1970) de Roy Ward Baker – Les Sévices de Dracula (1971) de Hough - Histoires d'outre-tombe (1972) de Freddie Francis – La Chair du diable de Freddie Francis (1972) – Dracula 743 (1972) de Gibson - Dracula vit toujours à Londres (1973) d'Alan Gibson – Frankenstein et le monstre de l'enfer (1973) de Terence Fisher – Les 7 vampires d'or (1974) de Roy Ward Baker - La Légende du loup-garou (1974) de Freddie Francis – Le Commando des morts-vivants (1977) de Weiderhern – La Guerre des étoiles de George Lucas (1977).

Trois grands films vampiriques

Nosferatu

Vampyr

Le Masque du démon

Nosferatu

Nosferatu est un mot employé par le professeur Van Helsing dans le roman de Bram Stoker pour désigner un non-mort *(« Car tout ce qui meurt victime d'un non-mort devient non-mort à son tour et fait des autres sa proie »)*. Dans le tombeau, au pied du cercueil où gît Lucy transformée en vampire par Dracula, il fait un exposé sur la *« malédiction de l'immortalité »*. *« Nosferatu »* est un mot roumain qui désigne un mort-vivant, un revenant, un vampire.

Friedrich Wilhelm Murnau, né en 1888 et mort en 1931, était un réalisateur allemand. Son vrai nom était Plumpe. C'était un grand cinéaste expressionniste. Voici ce qu'en disait Werner Herzog qui réalisa un remake du Nosferatu de Murnau en 1979 : *« Je me sens très proche de Murnau. C'est mon metteur en scène préféré. Je le place bien au-dessus de Fritz Lang, par exemple : Fritz Lang voit les choses de façon trop géométrique. Nosferatu de Murnau, réalisé en 1922, est le plus visionnaire de tous les films allemands. Un film prémonitoire, qui a prophétisé l'arrivée du nazisme en montrant l'invasion de l'Allemagne par Dracula et ses rats porteurs de peste. Il a donné une légitimité au cinéma allemand qui fut perdue à l'époque d'Hitler. C'est en cela que ce film revêt, pour moi, une telle importance »*

Murnau tourna également en 1920 : *Der Januskopf*, adaptation du *Dr Jekyll et Mr Hyde* au cinéma, puis, après *Nosferatu*, *Phantom* en 1922 et un superbe *Faust* en 1926.

Un des plus grands cinéastes du XXe siècle.

Il est mis en scène dans le film *L'ombre du vampire* consacré au tournage du film *Nosferatu*. *L'ombre du vampire* est un film assez effrayant – voir plus loin ma critique de ce film réalisé par Elias Mehrige (2000) –, dans lequel le réalisateur développe la thèse que l'acteur (Max Schreck) qui a joué le rôle d'Orlok était un vrai vampire... Le ralistauer Murnau est montré comme un homme sans scrupule prêt à sacrifier la vie de ses collaborateurs pour parvenir à tourner ce film.

Dans la copie actuellement disponible de *Nosferatu*, Murnau annonce la couleur en inscrivant dans le générique de son film : « *D'après le roman "Dracula" de Bram Stoker* ». Mais, on va le voir, si le scénario s'est inspiré de la trame du récit, en utilisant surtout les voyages, l'histoire elle-même et les personnages ont été complètement changés. D'ailleurs, il ne s'agit même pas du comte Dracula, ni de l'Angleterre (mais de l'Allemagne). Murnau, qui n'a jamais caché ses sources d'inspiration, ne prit pas la précaution d'acheter les droits de l'œuvre aux héritiers. Ainsi, Florence Stoker, veuve de Bram Stoker, traîna le cinéaste en justice et gagna. En juillet 1925, la Compagnie Varna fut condamnée à détruire toutes les copies existantes du film ! Néanmoins, en 1930, on peut constater l'existence de quatre copies plus ou moins différentes de l'original : une française datant de 1928, une anglaise intitulée « Dracula » et dans laquelle on a repris les noms des personnages du roman de Bram Stoker (!), une version américaine et un film allemand intitulé *La Douzième heure* dont le visa de censure est daté du 14 novembre 1930. On ne peut que se réjouir que la loi ne fût pas respectée dans ce cas, car un pur chef-d'œuvre cinématographique aurait disparu !

Mais regardons-le. Il s'agit ici de la copie reconstituée par Enno Patalas, conservateur du Filmmuseum du Münchner Stadtmuseum, la plus récente et la plus fidèle à l'original.

Son titre : « *Nosferatu, eine Symphonie des Grauens* ».
Nosferatu, une symphonie de l'horreur.

Le film commence par l'image d'un livre sur lequel est écrit : « Description de la grande épidémie à Wisborg en l'an 1838. » Les textes sont en allemand, nous vous en offrons la traduction. La page est tournée et voici à l'écran la page suivante :

« Nosferatu ! Ce nom résonne comme le cri d'un rapace nocturne qu'on ne prononce jamais à haute voix sinon les images de la vie rejoindraient le monde des ombres. Tu ferais des rêves étranges qui se nourriraient de ton sang. »

Page suivante : « J'ai étudié l'origine et la propagation foudroyante de l'épidémie qui s'est abattue sur ma ville natale de Wisborg. En voici l'histoire.

« Hutter et sa jeune épouse, Ellen, vivaient à Wisborg. »

Voilà tracés le cadre historique et les décors, par un texte dense et très suggestif. Toute l'histoire est une histoire de mort, de deux mondes : celui de la lumière et celui des ombres, celui de la vie et celui de la mort.

Ellen et Hutter vivaient très heureux à Wisborg. Le jeune Hutter cueille des fleurs à Ellen qui lui reproche : « Pourquoi as-tu laissé mourir... les jolies fleurs ? »

Hutter se rend à son travail. Il est employé chez un étrange marchand de biens appelé Knock. Il est étrange, mais il paie bien. Sur le chemin, le jeune homme rencontre une personne qui lui dit : « Pas si vite mon jeune ami ! Personne n'échappe à son destin. »

L'inquiétant Knock vient de recevoir une lettre du comte Orlok, de Transylvanie (ce qui signifie : « Au delà de la forêt »). Il appelle Hutter : « Le comte Orlok souhaite acheter une jolie maison dans notre petite ville. Vous pourriez en tirer un bon pécule. Cela ne vous coûtera qu'un peu d'effort, un peu de sueur et peut-être... un peu de sang. »

Knock éclate de rire. Hutter s'approche d'une carte de l'Europe affichée au mur pour regarder où se trouve la Transylvanie.

Et Knock poursuit : « Il souhaite une très belle maison isolée. » Et l'on voit une hideuse maison presque en ruines, comportant quatre pignons et cinq étages. « Cette maison, celle qui est juste en face de la vôtre. Proposez-lui donc ! Partez vite vers le pays des esprits ! » Knock rit très fort, d'un rire de fou...

Malgré le chagrin d'Ellen, Hutter s'en va. Ellen n'était pas la seule à avoir du chagrin. Il y avait aussi l'ami, le riche armateur Harding et Ruth, sa sœur.

Le cavalier approche des Carpates dont les fiers et sombres sommets sont montrés à l'écran. Arrivé dans une auberge, il presse le service en criant : « Le dîner, vite ! Je devrais déjà être au château du comte Orlok ! » À entendre cela, les personnes présentes dans la salle sont effrayées. Un vieux monsieur s'approche de Hutter et lui dit : « Vous ne pouvez aller plus loin maintenant, la bête gronde dans les bois. »

Dehors, les chevaux s'affolent dans les prés. On voit rôder la bête, moitié hyène et moitié loup... Des vieilles effrayées font le signe de croix. Hutter a pris une chambre. Il s'installe après avoir bien ri des superstitions des villageois.

(Cette scène est inspirée d'un passage de « Dracula » que Bram Stoker n'a pas laissé dans le roman et qui a été publié plus tard sous forme de nouvelle avec le titre : « L'invité de Dracula ». Jonathan s'est perdu la nuit dans un cimetière sous la neige et a failli être dévoré par un grand loup (la « bête »). C'est un message de Dracula aux gens du pays qui les a conduits vers lui pour le sauver...)

Hutter trouve un livre dans sa chambre. Son titre : « Des vampires, esprits maléfiques et sortilèges et des sept péchés capitaux. »

On lit à l'écran ce que raconte ce livre : « De la semence d'un démon, naquit le vampire Nosferatu qui se nourrit du sang des hommes. Comme une âme errante, il habite d'affreuses grottes, des caveaux et des cercueils remplis de terre maudite par les serviteurs de l'ange des ténèbres. »

Mais Hutter rit : il ne prend pas ce texte au sérieux...

Le lendemain, il se lève au soleil et en faisant sa toilette, il retrouve le livre. Il éclate de rire et le jette à terre. Le voyage reprend. Il est long : on voit bientôt Hutter demander aux cochers d'accélérer l'allure, car il va faire bientôt nuit. Mais, ceux-ci s'arrêtent et refusent de continuer. Hutter poursuit sa route à pieds.

On le voit passer un pont et un carton montre l'intertitre suivant : « Kaum hatte Hutter die Brücke überschritten, da ergriffen ihn die unheimlichen Gesichte », texte désormais célèbre qui, sous la traduction suivante plut énormément aux surréalistes : « Quand Hutter fut de l'autre côté du pont, les fantômes vinrent à sa rencontre », et que l'on traduit littéralement par : « Quand Hutter eut traversé le pont, des visions inquiétantes le saisirent ».

Un sinistre château l'attend sur un éperon rocheux. Une voiture noire tirée par des chevaux noirs descend le chemin. Un cocher au visage caché par un vêtement la conduit et lui fait signe de monter. Il monte. Les scènes du parcours de la voiture sont montrées en négatif, donnant un contenu fantastique à ce court voyage qui le mène jusqu'à l'entrée du château où l'attend le comte Orlok. Un homme maigre, voûté et pâle, le crâne aux longues oreilles pointues semble chauve sous la coiffe.

« Vous m'avez fait attendre pendant longtemps, il est presque minuit. Mes serviteurs dorment. » Un repas est servi dans la grande salle du château. Hutter mange, Orlok lit une lettre. L'horloge (un cadran surmonté d'un squelette qui sonne les heures) sonne les douze coups de minuit. Cette sonnerie surprend fort Hutter. Il se coupait du pain et se taille alors un peu le pouce ! Le sang coule... Orlok se lève, fasciné : « Vous vous êtes fait mal... le précieux sang ! « Et Orlok avance son visage livide vers le doigt et lui suce le sang ! Hutter retire sa main et se recule, terrifié.

Mais Orlok ne désarme pas : « Voulez-vous que nous restions un peu ensemble mon cher ? Il reste encore quelques heures jusqu'à l'aube et le jour, je dors d'un profond sommeil, très profond sommeil. » Hutter, toujours terrifié, s'assoit alors dans un fauteuil.

Lorsque le soleil se lève, Hutter se sent libéré des ombres de la nuit. Il se réveille seul dans le château. Le comte a disparu. En se regardant dans la glace, le jeune homme voit deux petits trous à son cou. Il n'en fait pas cas et fait ripaille avec le somptueux petit déjeuner servi avant son réveil. Il n'y a personne, pas un serviteur dans la maison. Puis, il écrit à son épouse : « Ma chérie, ma bien-aimée. Ne désespère pas, même si ton amour est loin de toi. Les moustiques sont une véritable plaie. J'ai déjà deux piqûres au cou, très proches l'une de l'autre. On fait des rêves oppressants dans ce château sinistre, mais ne t'inquiète pas pour moi. » Hutter confie sa lettre à un cavalier passant à proximité.

Mais la nuit tombe. La lumière fantomatique du crépuscule semble réveiller les ombres du château. Dans la grande salle, Orlok et Hutter sont affairés avec des papiers. Le comte aperçoit sur la table le portrait d'Ellen. Il le prend et le regarde : « Votre femme a un joli cou... » et rend le portrait à Hutter. « J'achète la maison, la jolie maison isolée à côté de la vôtre. » Orlok signe l'acte d'une plume d'oie. Hutter embrasse le portrait de sa femme (la remerciant d'avoir ainsi contribué à la conclusion de l'affaire...) Il trouve le livre sur les vampires dans ses bagages. Pourtant, il l'avait jeté au sol dans la chambre de l'auberge... Voici ce qu'il lit : « À la nuit, Nosferatu s'empare de sa victime et suce le sang nécessaire à sa propre existence. Prends garde à ce que son ombre ne t'oppresse pas par des cauchemars. »

Le squelette de l'horloge sonne les douze coups de minuit. Nosferatu apparaît au bout du couloir, visage livide allongé avec deux dents pointues sur le devant de la mâchoire supérieure, crâne chauve sans la coiffe, longs doigts griffus. En approchant, il grandit lentement, très lentement dans le champ. Le monstre entre dans la chambre de Hutter qui tente de se protéger en plaçant son avant-bras devant son front. Au même moment, à Wisborg, Ellen dort dans son lit. Sans se réveiller, elle se lève et se dirige vers la porte-fenêtre. Elle manque de tomber en bas du balcon à cause de son somnambulisme ; heureusement, elle est sauvée par Harding.

Mais l'ombre du vampire glisse sur le corps de Hutter, allongé sur le lit, les yeux fermés.

Ellen, que ses protecteurs ont couchée sur son lit, s'assoit en criant : « Hutter ! » Nosferatu s'arrête et tourne la tête. Il semble voir les bras tendus d'Ellen suppliante. Il renonce alors à sa proie et s'en va... Ellen, soulagée s'endort. Le docteur Sievers déclare : « Ce n'est qu'une légère congestion sanguine. »

Le narrateur déclare alors : « Je sais maintenant que cette nuit-là, le rapace nocturne s'était emparé de son âme. Déjà, Nosferatu avait déployé ses ailes. »

Le lendemain, Hutter parcourt le sinistre château et découvre Orlok dormant dans son cercueil plein de terre. Il fuit. Le soir, il voit par la fenêtre, dans la cour du château, Orlok charger de nombreux cercueils remplis de terre sur un chariot. Il se couche dans le dernier et referme le couvercle sur lui. Toute cette scène est tournée en accéléré. Puis, Hutter fuit grâce à une corde fabriquée avec des draps. Les cercueils poursuivent leur voyage sur un radeau qui descend le fleuve vers la mer (« le fleuve ne sait pas quel horrible fardeau il descend dans la vallée »), puis sont chargés au port sur un navire : le deux mâts « Empusa ». Hutter est recueilli dans un hôpital.

En alternance, on voit des scènes de l'embarquement, du voyage des cercueils pleins de terre et de rats et un enseignement du professeur Bulwer qui étudie les secrets de la nature et leurs surprenantes analogies dans la vie humaine. Notamment, le professeur Bulwer, relate à ses élèves l'existence d'une plante carnivore particulièrement cruelle. C'est avec des frissons d'horreur que les élèves observent les mystères de la nature.

La plante carnivore se referme sur une pauvre mouche dont on voit l'agonie au travers des longs cils. « Comme un vampire n'est-ce pas ? »

L'approche de l'égorgeur Nosferatu plonge le marchand de biens Knock dans les ténèbres. Le patient est enfermé à l'asile du docteur Sievers. Dans sa cellule, Knock attrape les mouches et les gobe vivantes ! « Le sang c'est la vie ! « Crie-t-il en se jetant au cou du docteur pour l'étrangler. Le gardien les sépare.

Ellen attend (qui ? Hutter ou Nosferatu ?) au milieu des dunes parsemées de croix, face à la mer. Harding et Ruth lui apportent la lettre de Hutter (qu'il avait écrite au château après sa première nuit avec le comte Orlok). Ellen est habillée en noir, tache de deuil au milieu des dunes claires. Scène très symbolique : les croix représentent les marins morts en mer (ou les victimes de Nosferatu) comme l'indique le journal de Mina dans le roman de Stoker...

Là-bas, Hutter, malgré sa grande fatigue, se lève de son lit d'hôpital et entame un nouveau voyage pour rejoindre sa jeune épouse.

Le voilier maudit vogue vers Wisborg. Un montage extraordinaire et de magnifiques plans suggèrent (rappelons que c'est un film muet !) la monstruosité que transporte ce bateau : parfois, le voilier traverse le champ de droite à gauche, d'autres fois, la caméra s'approche lentement et le voilier sort du champ lorsqu'il est en gros plan ; souvent, la caméra filme l'avant du navire à partir du pont avec un tangage extraordinaire... Ces vues alternent avec des images de Hutter en voyage...

Un moment, nous sommes dans la cellule de Knock. Le gardien balaie le local. Knock lui vole un journal qui dépasse de sa poche. Il lit : « En Transylvanie et dans certains ports de la mer Noire comme Warna et Gala, s'est déclarée une épidémie de peste. Les jeunes gens sont fauchés par centaines. Chez toutes les victimes, on retrouve les mêmes étranges blessures au cou dont l'origine est une énigme pour les médecins. Les Dardanelles ont été interdites à tous les navires susceptibles de véhiculer la maladie. »

Retour au bateau, ensuite à Hutter traversant un torrent à cheval, de nouveau au bateau. Un à un les matelots meurent de la peste. Nosferatu s'est occupé d'eux. Bientôt, il ne reste que le capitaine et le premier maître. Les deux hommes cousent le dernier cadavre dans un drap avant de le jeter à la mer. Le premier maître descend dans la cale. Il brise le couvercle d'un cercueil avec sa hache. Des rats sortent de partout. Il ouvre le cercueil d'Orlok. Celui-ci, dans une scène célèbre, se place lentement à la verticale, ses grands doigts griffus croisés sur son corps tout raide, ses talons restant dans le cercueil. Le marin est terrorisé. Il remonte sur le pont et se jette à la mer. Seul le capitaine reste à bord. Il s'attache à la barre. Nosferatu monte lentement de la cale et s'approche de lui, effrayant.

« Le navire de la mort avait un nouveau capitaine ! » S'exclame le narrateur.

Le navire s'approche de Wisborg et Hutter aussi.

Le navire accoste, Knock jubile (« le Maître approche... »), Hutter arrive...

Ellen se précipite. Knock assomme son gardien et s'enfuit. Nosferatu sort du bateau, un cercueil sous le bras. Hutter rentre chez lui et embrasse Ellen. Nosferatu passe devant chez eux. Il rejoint sa « maison » en face de celle d'Ellen...

Le narrateur : « J'ai longtemps cherché à comprendre pourquoi Nosferatu était venu avec des cercueils pleins de terre. Et j'ai découvert que les vampires ne pouvaient tirer leur pouvoir diabolique que de la terre maudite dans laquelle ils ont été ensevelis. »

Les autorités visitent le navire et trouvent le cadavre du capitaine attaché à la barre. Ils prennent connaissance du drame par le journal de bord et surtout du danger qu'ils courent tous : la peste !

C'est l'épidémie !

On marque d'une croix blanche tracée à la craie les portes des maisons où la maladie a frappé. Des hommes portant des cercueils circulent continuellement dans les rues.

Ellen lit le livre sur les vampires ramené par Hutter : « Il n'y a aucun moyen d'échapper au vampire. À moins qu'une femme pure de tout péché n'offre son sang au vampire et lui fasse oublier le premier chant du coq. »

À la lecture de ce texte, Ellen semble prendre une décision... Hutter arrive. Elle se jette dans ses bras et montre la maison de Nosferatu en face, de l'autre côté du canal. « Je le vois là, chaque soir... ! » Hutter regarde, Ellen pleure.

Un homme allume les lampes à gaz dans la rue : la nuit tombe.

« La peur rôdait dans toutes les rues de la ville. Qui était encore sain ? Qui était déjà malade ? »

Hutter va chercher le docteur Sievers. Ellen reste seule. La bonne, profondément endormie ne répond pas à ses appels. Dans la rue, des hommes nombreux portent des cercueils.

« La ville terrorisée cherchait une victime expiatoire. Ce fut Knock. » Une folle course poursuite s'engage entre les gens et Knock, d'abord dans les rues de la ville et ensuite dans la campagne. Les gens croient voir Knock dans un épouvantail...

Ellen brode une inscription sur une nappe : « Ich liebe dich « (je t'aime...)

Plusieurs plans alternent : Nosferatu, presque pitoyable dans sa lividité malfaisante, est vu de l'extérieur à sa fenêtre ; la poursuite de Knock ; Ellen se lève de son lit et va à sa fenêtre ; elle l'ouvre en invitant ainsi Orlok.... Nosferatu sort de sa maison maudite. Hutter est réveillé par Ellen qui lui dit : « Va chercher Bulwer ! « Hutter sort. Ellen s'approche de la fenêtre. Nosferatu s'approche. Son ombre glisse sur les murs de l'escalier, s'approche de la porte de la chambre d'Ellen. Hutter réveille Bulwer. Knock a été repris.

Plan fixe sur le lit d'Ellen. De l'autre côté, accroupi, sa tête monstrueuse dépassant de celle d'Ellen qu'il tient de sa grande serre griffue, Nosferatu suce le sang de la jeune femme. Le chant du coq retentit. Nosferatu relève la tête, inquiet...

Knock s'agrippe à la fenêtre de sa cellule, terrorisé : « Le maître ! Le maître ! «

Hutter et Bulwer se rendent chez Ellen. Au travers de la fenêtre de celle-ci, alors que Nosferatu suce toujours son sang, le soleil éclaire le haut de la maison du comte Orlok.

Plan général de la chambre : Nosferatu, sa main toujours posée sur la tête d'Ellen lève son regard vers la fenêtre ouverte au travers de laquelle on voit le pignon de la maison maudite éclairé par le soleil. Nosferatu se lève (on voit son reflet dans le miroir placé à côté du lit). L'astre du jour éclaire de plus en plus la maison d'en face. Nosferatu pose la main gauche sur son cœur. Il passe devant la fenêtre : un rayon de soleil l'atteint ; son corps se dissout dans l'air. Il ne reste plus qu'une fumée au-dessus de la flaque lumineuse sur le plancher.

Knock, ligoté sur le lit de sa cellule : « Le maître est mort ! »

Ellen reprend connaissance dans les bras de Hutter juste arrivé et retombe. Bulwer reste dans le couloir (il n'a servi à rien, contrairement à Van Helsing...)

Le narrateur : « Et, en vérité, à ce moment même, la grande épidémie s'éteignit et l'ombre de l'oiseau de mort s'évanouit avec les premiers rayons victorieux de l'astre du jour. »

Plan sur le château d'Orlok en ruines.
Fin.

Voilà toute l'histoire de Nosferatu. Elle diffère sur bien des points de l'histoire de Dracula racontée par Stoker. Il n'y a pas les trois vampires femmes constituant le harem de Dracula ; pas de séduction de

Hutter ; pas de vampirisation de l'amie d'Ellen-Mina (Lucy). Le comte est une créature du diable et non pas un mort-vivant. Sa morsure ne transforme pas sa victime en vampire, mais lui donne la peste (sauf à Hutter, nous l'avons vu ; mais Werner Herzog mettra bon ordre à cette faille du scénario...). Henrik Galeen, le scénariste, n'a pas inventé le phénomène de la peste amenée par le vampire. Ce phénomène était relaté par les chroniques de l'époque. Ainsi, Michaël Ranft, auteur en 1728 d'un rapport sur *La Mastication des morts dans leur tombeau* cite le récit suivant : « *En l'an 1572, la peste se répand dans toute la Pologne. Le cadavre d'une femme est transporté depuis le village de Rhezur jusqu'aux faubourgs de Leopoldstadt pour y être enseveli près du sanctuaire de l'exaltation de la Croix. La peste ne tarde pas à sévir dans les maisons voisines. Les gens chargés des funérailles soupçonnent que la femme était une sorcière. Le cadavre est exhumé ; on le trouve complètement nu. On en déduit que la femme a dévoré ses vêtements. On lui coupe la tête avec une bêche et on l'enterre à nouveau. La peste cesse ipso facto.* » La seule motivation d'Orlok est de semer la mort sur son passage... Il ne meurt pas par un pieu enfoncé dans le cœur ou la tête tranchée, mais parce qu'une pure jeune femme le retient jusqu'au lever du jour. Murnau développe l'idée des deux mondes : celui du bien et celui du mal, de l'ombre et de la lumière. Pitoyable est Nosferatu, être du monde des ténèbres condamné, pour vivre, à semer la mort. Alors, la non-mort est-elle éternelle ? C'est la nouvelle question que pose Werner Herzog dans son *Nosferatu, Phantom der Nacht*,

Nosferatu, fantôme de la nuit.

Herzog, qui réalisa ce remake en 1979, en hommage au film de Murnau, a vu dans cette œuvre une prémonition de l'œuvre de mort du nazisme. Peut-être... À chacun d'y voir ce qu'il veut bien y voir. C'est en tout cas une œuvre puissante, effrayante. Comme c'est un film muet, les textes et l'image prennent toute leur importance. Ce film eut une légende : on a dit et raconté que l'acteur qui joua Nosferatu n'existait pas... Heureusement, Max Schrek, un grand acteur existait bien. Ce film eut un grand succès en France (les Allemands étaient alors occupés par leur histoire...) Les surréalistes furent enthousiasmés. Pour rendre hommage à Murnau, Herzog a presque parfaitement respecté le scénario de Henrik Galeen. Il a même, en hommage, purement reproduit certaines scènes. Klaus Kinski est remarquable dans le rôle de Nosferatu (ici, il s'agit du comte Dracula), pitoyable dans sa quête de la mort. Le maquillage a respecté l'apparence du comte Orlok : longs doigts griffus, crâne chauve livide surmontant un visage cadavérique, de la petite bouche rouge duquel dépassent les deux petites dents pointues serrées sur le devant. La jeune femme (Lucy Harker dans ce film) qui viendra à bout du monstre en y perdant la vie est interprétée par Isabelle Adjani. L'horreur, c'est l'épidémie de peste. L'approche de la mort rend les gens hystériques : *« Approchez. Voulez-vous boire avec nous ? Nous avons la peste. Ainsi chaque jour qui nous reste à vivre est une fête. »*

Images magnifiques du château du comte (Jonathan parcourt à pied la distance entre l'auberge et le château de Dracula, contrairement à Hutter dans le film de Murnau), images somptueuses des quais et du bateau fantôme, images terribles de la peste. Herzog insiste beaucoup plus sur l'épidémie, car il y voit, bien sûr, nous l'avons noté, une symbolique politique. Lucy retiendra Nosferatu jusqu'au chant du coq, jusqu'à la vraie mort du vampire, sa disparition. Son jeune époux, attaché dans la pièce du bas prendra alors la relève, car vampirisé par Nosferatu, épargné par la peste, il est lui-même devenu Nosferatu, la mort éternelle... *« Il est toujours fécond le ventre qui engendra la bête immonde... »* Le professeur, jusque-là sceptique, contrairement au Van Helsing de Stoker, finit par être convaincu et monte dans la chambre où gît Dracula, terrassé par le chant du coq et lui enfonce un pieu dans le cœur. Du moins, on entend le *« TOC »* de la pièce de bois sur le plancher alors que la caméra nous montre Jonathan, prisonnier, enfermé dans un cercle d'ail. Geste inutile qui tue un mort et lui coûtera la vie. Lorsque le professeur descend avec le pieu ensanglanté à la main, Jonathan le dénonce aux autorités arrivées entre temps, comme l'assassin du comte Dracula. Ils l'arrêtent alors comme un criminel. Allégorie de celui qui entre trop tard dans la lutte alors que le rapport des forces n'est plus favorable... Échappé de la vie, échappé de la mort, le jeune vampire quitte la ville en chevauchant : *« J'ai beaucoup de travail à faire désormais... »*

Certaines critiques ont très mal accueilli cette belle œuvre, hommage à un chef-d'œuvre du cinéma. Je comprends que le point de vue de Werner Herzog puisse agacer. Mais c'est ainsi. Lisons une de ses déclarations : *« Nous appartenons à une génération orpheline de cinéastes privés de tout recours et ne pouvant s'appuyer sur aucune tradition. (Dans les autres pays)... une continuité culturelle a pu être assurée. En*

Allemagne, au contraire, il s'est produit un hiatus, un vide que rien ne viendra jamais combler. Mais il existe une certaine affinité entre notre cinéma actuel et celui des années vingt. Il ne s'agit pas tant d'une similitude de style que d'une attitude semblable en face de la réalisation, une façon commune d'envisager le cinéma comme un art, un moyen d'expression sérieux. »

Nosferatu, eine Symphonie des Grauens (1922) Film allemand de Friedrich Wilhelm Murnau. Muet, noir et blanc. Durée 110 minutes. Prod. Varna Films. Sc. Henrik Galeen ; déc. et cost. : Albin Grau. Dir. Ph. Fritz Arno Wagner. Avec Max Schreck (Nosferatu, comte Orlok) ; Alexander Granach (Knock) ; Gustav von Wangenheim (Hutter) ; Greta Schrœder (Ellen) et G. H. Schnell, Ruth Landshoff, Gustav Botz, John Gottowt...

Nosferatu, Phantom der Nacht (1978) Film franco-allemand de Werner Herzog. Couleur. Durée 105 minutes. Interdit au moins de treize ans. Sc. Werner Herzog ; photographie : Jörg Schmidt-Reitwein. Déc. Henning von Gierke ; cost. Gisela Storch. Montage : Beate Mainka-Jellinghaus ; son : Harald Maury. Eff. sp. Cornelius Siegel. Mus Popol Vuh, Florian Fricke, Richard Wagner, Charles Gounod, Vok Ansambl Gordela. Prod. Werner Herzog et Filmproduktion Gaumont. Avec Klaus Kinski (comte Dracula) ; Isabelle Adjani (Lucy Harker) ; Bruno Ganz (Jonathan), Roland Topor (Renfield), et Jacques Dufilho, Walter Landengast, Dan Van Husen, Jan Groth, Cartsen Bodinus.

Vampyr

Ce film de Dreyer occupe une place fondamentale dans l'histoire du cinéma. Il fait le lien entre l'expressionnisme pur du *Cabinet du docteur Caligari*, expressionnisme des décors que Murnau a voulu dépasser avec *Nosferatu* et que Dreyer a développé avec ses cadrages et ses mouvements de caméra et le *Kammerspiel*[3]. Premier film parlant de Dreyer, les dialogues en sont presque inexistants et seule la musique joue un rôle dramatique qu'elle savait d'ailleurs déjà joué dans le cinéma muet. Le cinéaste utilise des intertitres et, surtout, les pages d'un livre pour guider à la fois son héros et le spectateur dans le dédale de la quête de David Gray.

Carl Theodor Dreyer (1889—1968) est un grand réalisateur danois à la carrière internationale. Grand artiste à l'idéologie réactionnaire – son deuxième film *Pages arrachées au livre de Satan* est un pamphlet contre la révolution française et le bolchevisme – il tourne en France ses deux chefs-d'œuvre : *La Passion de Jeanne d'Arc* et *Vampyr*, le premier étant considéré comme un des meilleurs films de

---

[3] Le *Kammerspiel* est une école cinématographique allemande des débuts du cinéma, école qui s'opposa à l'*expressionnisme*. La première manifestation du *Kammerspiel* fut de supprimer tous les sous-titres, le spectateur devant deviner la psychologie des personnages par le moindre de leurs petits gestes. Le *Kammerspiele* est « *intimiste, psychologique [...] Il comporte de préférence un nombre limité de personnages se mouvant dans une ambiance quotidienne.* ». (D'après *L'écran démoniaque de Lotte H. Eisner* – Ramsa*y*). *Kammer* en allemand signifie "chambre" et *spiel* "jeu".

l'histoire du cinéma. *Vampyr*, très controversé, y compris par les amateurs de fantastique, fut un échec et marqua une interruption dans la carrière de Dreyer.

Vampyr, à sa sortie à Berlin le 6 mai 1932, produisit de violentes discussions entre les spectateurs, les uns utilisant le quolibet et les autres manifestant un très grand enthousiasme. Voyons quelques critiques. Par le journal de gauche *Welt am Abend* qui développe sa critique sur l'angle politique, et non pas cinématographique : « *Le ratage est incontestable. Un travail sans intérêt, superficiel. Dreyer en tirera-t-il la leçon ? Une modification de sa position idéologique en serait la condition.* » Par contre, le quotidien spécialisé *Film-Kurier* présente une autre appréciation : « *Le film de Dreyer est [...] une œuvre d'avant-garde, discutable dans ses détails, mais qui dans l'ensemble reste une tentative audacieuse et novatrice, à savoir, l'ambiguïté mélodramatique juxtaposée au plus pur expressionnisme cinématographique.* » Et, le même journal affirme que « *Dans le monde réel du récit, Dreyer fait entrer le sentiment de l'irréel, qui dissout l'espace et le temps. Il bat tous les surréalistes français.* » À sa sortie en France, le 23 septembre 1932, Francois Mazeline, dans *L'ami du peuple du soir*, écrit : « *Le criminel de Lang relevait de l'asile. Celui de Carl Dreyer entre en enfer.* » Bel hommage, non ?

Enfin, pour compléter cette présentation du film et de son réalisateur, je voudrais citer Dreyer lui-même, citations rapportées par Philippe Parrain (Études cinématographiques N° 53/56). « *Imaginez que nous soyons assis dans une pièce ordinaire. Tout à coup, l'on nous dit qu'il y a un cadavre derrière la porte. En un instant, la pièce où nous sommes assis est totalement modifiée ; tout ce qui s'y trouve a pris un autre aspect ; la lumière, l'atmosphère ont changé, quoiqu'elles soient physiquement les mêmes. C'est que nous avons changé, et les objets sont comme nous les concevons. C'est l'effet que j'ai voulu obtenir dans mon film...* » Et « *dans une telle atmosphère, l'effet maximum est atteint avec un objet banal : la faux, au début du film ; le cigare que le docteur allume en face de la bière où repose David Gray, plus macabre que tout autre dispositif de mise en scène.* »

Bien que plein d'admiration pour la prodigieuse étude de Philippe Parrain sur Dreyer, je ne partage pas l'affirmation suivante concernant le film : « *Vampyr est bâti à partir du plan général. S'il y a de nombreux plans (notamment les intérieurs) moins larges, il n'en est pas moins vrai que l'image-clé du film est celle de David marchant dans la campagne dans sa quête obscure : sur cette route, les scènes d'intérieur ne constituent que des étapes.* » Non ! Parmi ces dernières, il y a celles qui constituent au contraire la deuxième image-clé du film, celle de la porte qui s'ouvre sur David (ou un autre personnage) qui tente ainsi d'accéder à la compréhension intérieure de sa quête... L'un ne va pas sans l'autre, et le cadrage de l'image par les portes et fenêtres est le pendant du plan général, d'ailleurs souvent très flou...

En effet, ce qui caractérise le film de Dreyer, ce sont d'abord les décors naturels – il est ainsi la continuité du *Nosferatu* de Murnau – et ensuite le cadrage qui prend une importance considérable. Dreyer ne semble pas vouloir se contenter du cadre « naturel » de la pellicule, il en rajoute : Gray est toujours surcadré par une ouverture : porte-fenêtre, fenêtre, regard du couvercle du cercueil... Le récit est littéralement ponctué par l'ouverture et la fermeture de portes qu'utilisent tous les personnages, mais le plus souvent Gray. Ce rythme soutenu (près de soixante-dix plans comportent une ouverture ou fermeture de porte) est brusquement brisé par le passage du cercueil de Gray par la porte de la maison du docteur. Ce plan n'est suivi que par quatre plans de portes. La dernière que l'on voit est une porte grillagée qui enferme le docteur étouffé par la farine qui tombe sur lui.

Toute l'action se déroule en une nuit, mais elle est tournée en plein jour, les nombreuses chandelles allumées par les personnages ne changeant absolument rien à l'éclairage, effet certainement voulu pour montrer que rien ne les éclaire sur leur situation. Un seul plan est traité différemment, celui du docteur passant une porte, une bougie à la main, l'éclairage étant calculé pour que l'environnement soit obscur et que seul le personnage soit éclairé par la bougie... Dans ce film d'ombres et de lumières, les ombres et les reflets dans l'eau prennent leur autonomie. Et c'est après eux que se déroule la quête de David.

Pourquoi cette orthographe curieuse de *Vampyr* ? Lorsqu'on lui a posé la question, Dreyer a simplement répondu qu'il avait écrit vampire avec un « y » pour faire plus étrange.

Le film a été financé par le Baron Nicolas de Gunzburg, qui joue le rôle de Gray sous le pseudonyme de Julian West.

La version de *Vampyr* que je présente ici est allemande. Le personnage principal s'y appelle Allan Gray. Au générique, l'orthographe de son nom est une fois *Grey*. Nous nous en tiendrons à *Gray*.

Vampyr
Der Traum un Allan Grey
(Le rêve d'Allan Grey)

Le film commence par un intertitre : « L'aventure d'un jeune homme passionné par l'étude des superstitions et la légende des vampires (orthographié Vampyr en allemand). Ses occupations l'entraînaient dans un monde où le réel et le surnaturel se côtoient. Un soir, le hasard le conduisit dans une auberge isolée près du village de Courtempierre. »

Au bord du fleuve, un filet sèche sur un poteau. Allan Gray entre dans le champ par la droite. Il porte des instruments de pêche sur l'épaule. Léger travelling arrière.

Gros plan de l'enseigne de l'auberge vue à contre-jour : un dragon volant... (Le film est vaguement inspiré de la nouvelle de Sheridan Le Fanu : « La chambre de l'auberge du dragon volant »)

À l'intérieur de l'auberge, le bar est désert. On aperçoit, au fond, une porte vitrée qui cadre l'arrivée de Gray. Il essaie d'ouvrir : c'est fermé ! Il se penche vers la caméra et frappe à la vitre de la main droite. Il recule, regarde en l'air et sort du cadre de la porte par la droite.

Travelling extérieur sur le toit et plongée sur une autre porte-fenêtre éclairée de l'intérieur. Le voyageur entre dans le champ par la droite, de dos, toujours avec son matériel de pêche. Léger travelling arrière montrant une échelle posée à côté de la porte-fenêtre. Gray s'approche et s'apprête à frapper aux vitres lorsque la lumière s'éteint. Gray s'écarte à reculons et regarde en l'air.

Vue sur le toit, entre deux cheminées, une lucarne s'ouvre, le bras et la tête d'une femme apparaissent. Elle dit : « Faites le tour ». La lucarne se referme.

Nous sommes de nouveau à l'intérieur du bar, mais à un autre endroit, on voit la porte vitrée sous un autre angle. Gray entre par la droite dans le cadre constitué par la vitre. Il est flou... Il attend et regarde sur la gauche.

Vu de dos, un homme avec un grand chapeau tient une énorme faux. Il s'éloigne pour rejoindre la berge du fleuve.

Gray, toujours vu de l'intérieur, tourne la tête pour regarder vers nous. Vue de dos, une femme entre dans le champ par la gauche, rejoint la porte et ouvre.

L'homme à la faux qu'il tient sur l'épaule, en plan rapproché, agite une cloche que l'on entend tinter.

Gray marche, vu de profil à l'intérieur de l'auberge. Il tient son matériel de pêche de la main gauche et passe devant un fusil pendu au mur, passe une porte, tournant le dos à la caméra qui reste en deçà de la porte, le montrant enlevant son chapeau. La caméra entre et le suit.

Le moissonneur (la Mort ?) agite la cloche au bord du fleuve.

Vu de dessous une échelle, l'image présente un mur nu. Gray y entre par la droite émergeant d'une porte vue de profil. Il tient ses cannes à pêche de la main gauche et son chapeau de la droite. Il regarde en haut de l'échelle alors qu'une femme tenant une bougie le suit, émergeant de la même porte.

Le bac accoste à l'embarcadère à côté de la cloche. Le moissonneur (avec sa faux) monte à bord.

Précédé de la femme qui sort immédiatement du champ, filmé de face, Gray entre dans une nouvelle pièce en franchissant une porte dont on voit le battant ouvert. Mouvement tournant de la caméra qui balaie le dos de la femme, puis suit Gray de profil lorsqu'il passe devant l'armoire de la chambre, pose ses affaires et se tourne vers les spectateurs. À sa droite, une grande fenêtre, des rideaux et une lampe de chevet. Il allume une bougie.

La femme tenant sa bougie se tient dans l'encadrement de la porte : « Bonne nuit », dit-elle et ferme la porte devant la caméra.

Gray, de profil devant la fenêtre allumant la bougie répond : « Bonne nuit ! » et se dirige vers la fenêtre.

Le moissonneur est vu de face, assis dans le bac, appuyant son bras sur la poignée horizontale de la faux tenue verticale. On distingue mal son visage encadré par la lame courbe de la faux.

Gray, de dos, regarde par la fenêtre.

Le moissonneur cadré différemment : la tête en bas à gauche et la lame de la faux en haut à droite.

Gray, filmé de dos, baisse les rideaux et fait le tour de la pièce. Il voit un tableau. Gros plan sur ce tableau avec la bougie en premier plan : une femme pleure et s'essuie le visage avec un mouchoir ; un prêtre donne l'absolution à un mourant ; la mort (représentée par un squelette) se tient derrière le lit.

Gray entend parler fort.

Il écoute en tournant la tête et pose la bougie devant lui, s'approche de la porte, l'ouvre. La caméra le suit de dos lorsqu'il va dans le couloir et monte un escalier.

Magnifique plan-séquence : gros plan en plongée sur le haut d'une porte qui s'ouvre et sur un vieillard qui sort. Gray, vu de face cette fois, fuit en descendant l'escalier, retourne fébrilement dans sa chambre, referme la porte et sort du champ par la gauche. Travelling avant sur la serrure. La main de Gray entre dans le champ et tourne la clé à double tour.

Intertitre : « Un étrange clair de lune donnait aux ombres une apparence irréelle. Allan Gray sentit l'angoisse l'envahir. La peur le poursuivait dans ses rêves. »

Une séquence de plans alternés montrant l'enseigne de l'auberge à contre-jour, Gray couché et la clé de la serrure de sa chambre, puis la porte qui s'ouvre laissant entrer un vieil homme. Gray, éveillé, interroge : « Qui êtes-vous ? » L'homme qui n'est qu'une ombre va ouvrir le rideau. Debout, au milieu de la pièce, en plan américain, il lève la main, s'approche du chevet et dit : « Il ne faut pas qu'elle meure, vous entendez ? » Plans alternés de Gray et du vieux.

Il s'approche de la table et se penche pour écrire sur une enveloppe ficelée : Ouvrir après ma mort.

En ombre chinoise, il quitte la chambre. Gray, toujours couché allume une bougie, et se lève. Il va lire l'inscription sur le paquet.

Intertitre : « Quel terrifiant secret lui était-il confié ? Il sentit qu'une âme en péril l'appelait à son secours. Il ne put résister à cet appel. »

La caméra suit Gray qui sort de sa chambre, puis de l'auberge en empruntant la porte vitrée du bar. La caméra reste à l'intérieur lorsqu'il referme derrière lui et sort du cadre de la vitre par la gauche.

L'enseigne.

À la surface de la rivière court un reflet, tête en bas, sur l'autre rive. Sur cette berge, Gray entre dans le champ par la gauche et observe le reflet. (Un reflet sans original reflété...)

L'enseigne.

Une ouverture rectangulaire dans un mur d'enceinte avec la rivière en second plan. Gray entre dans ce cadre par la gauche.

Plusieurs plans alternent : l'ombre d'un fossoyeur qui creuse, mais l'image se déroule à l'envers, des ombres fuient le long des murs, travelling sur la bâtisse aux vitres cassées, Gray entre (toujours cadré par une porte) et aperçoit l'ombre d'un homme à la jambe de bois. Elle s'éloigne, monte une échelle, Gray à sa poursuite, une vieille femme entre dans le champ (un couloir en enfilade) par la droite, l'ombre de Gray s'éloigne à sa vue.

L'ombre du fossoyeur avec le temps qui se déroule à l'envers.

Magnifique plan-séquence : cadrage par une ouverture étroite dans un mur blanc, au travers duquel on aperçoit Gray baissé qui regarde par une autre lucarne. Il se lève et quitte ainsi ce cadre. Léger pivotement de la caméra qui se cadre sur une deuxième ouverture, Gray y est montré après qu'il a passé une porte en se baissant, monte quelques marches et regarde au travers de cette ouverture.

Plans alternés : un garde-chasse dort sur un banc, l'ombre à la jambe de bois s'approche et pose un fusil – Gray regardant au travers de l'ouverture.

Plan-séquence : On entend un appel et le garde-chasse se lève en prenant son fusil (ce n'était donc pas seulement une ombre ?) suivi par l'ombre à la jambe de bois qui est donc redevenue son ombre et sort du champ. La caméra s'attarde sur une ouverture de laquelle émerge la tête de la vieille. Le garde-chasse entre de nouveau dans le champ et la vieille lui parle sans qu'on comprenne le sens de ses paroles.

Plusieurs plans montrent Gray regardant, la vieille dans la maison du docteur au mur de laquelle sont accrochées des roues. Image sur l'ombre du fossoyeur.

Deux plans-séquence montrent d'une part Gray qui découvre un atelier où l'on fabrique un cercueil et où il voit une pancarte avec l'inscription : Docteur, et d'autre part, il entre dans un local où se trouvent des crânes, fioles, squelettes miniatures et livres anciens. Ces séquences comprennent, à chaque fois, le passage d'une porte.

Puis, plusieurs plans montrent l'arrivée du docteur (annoncée par un gros plan de sa main sur une rampe) et de la vieille femme dans cette pièce. La vieille donne au médecin un petit flacon dont l'étiquette comprend une tête de mort. Gray observe la scène.

Puis, il sort et court après des ombres dans les prés.

Intertitre : « Il se lança sur les traces de l'ombre fuyante et arriva à un château entouré d'un grand parc. L'homme qu'il avait vu à l'auberge habitait là, à l'écart du monde avec ses deux filles et quelques domestiques. »

Un plan-séquence nous montre un domestique passant une porte et la tête d'une jeune fille, en bas du cadre, le haut montrant une tapisserie. La jeune fille est couchée dans un lit.

Plans alternés : Leone est très souffrante bien que l'infirmière ait dit au domestique : « Les plaies sont presque guéries » – Gray arrive en courant – vu de l'intérieur au travers des fenêtres.

Très beau plan-séquence expressionniste : un rai de lumière au plafond, l'ombre d'une main qui ouvre la porte produisant cette lumière, cette ombre grandit et devient m'ombre d'un homme et d'un fusil qui est alors mis en joue, en bordure de la lumière une lanterne entre dans le champ.

Gray est vu de l'intérieur à travers la fenêtre et on entend un coup de feu.

Nombreux plans très brefs donnant un rythme élevé à l'action : Gray courant à l'extérieur, un domestique lui ouvrant la porte, ils courent vers le lieu où le coup de feu a été entendu, le corps bloque la porte, ils en empruntent une autre, un autre domestique descend l'escalier, l'infirmière arrive, Gray donne à boire au blessé avec une petite cuillère, une domestique entre, Gisèle (la sœur de Leone) descend l'escalier, les deux hommes transportent le corps, la vieille domestique demande à Gray de rester avec eux, on allume des chandeliers, passe des portes et on voit Leone fuir à l'extérieur !

Gray sort le paquet de sa poche et l'ouvre. Il s'agit du paquet sur lequel le vieil homme (qui vient de mourir) avait inscrit : « À ouvrir après ma mort ». Il contient un livre.

Vue sur la couverture du livre : « DIE SELTSAME GESCHICHTE DER VampyrE »

(L'étrange histoire des vampires)

Le livre s'ouvre sur la première page imprimée : « De tout temps, on a parlé de ces horribles démons nommés vampyrs. Des êtres malfaisants ne trouvant dans la tombe ni paix ni repos surgissent les nuits de pleine lune pour s'abreuver du sang des enfants et des adolescents afin de prolonger leur ignoble existence. Le Prince des Ténèbres est leur allié et leur octroie des forces surnaturelles. »

Plusieurs plans montrent que Leone a disparu.

Retour au livre : « Ces monstres de l'abîme recherchent les vivants et répandent parmi eux la souffrance et la mort. On n'échappe pas à leur emprise. Une morsure au cou comme celle d'un rat est le signe de la malédiction. »

Gray lit, Gisèle regarde par la fenêtre et voit Leone. Ils partent à sa poursuite. Plusieurs plans montrent la course des jeunes gens et l'attente des autres.

Plan général : au pied de deux arbres, Leone est allongée sur un banc, un bras pendant. La vieille femme est penchée sur elle, la bouche sur son cou. Elle relève la tête dans un geste animal. Plans alternés de Gray et Gisèle accourant et de la vampire s'éloignant. Elle sort du champ par la gauche.

Le vieux domestique et l'infirmière emmènent le corps de Leone à l'intérieur.

Un magnifique plan-séquence à partir de la caméra installée dans le salon montre l'arrivée des personnages et leur disposition dans les lieux, la montée de l'escalier vers les chambres et la peine éprouvée.

Page du livre : « L'innocent devient vampyr à son tour. »

Plans où l'on voit l'infirmière désinfecter les plaies sur le cou de Leone qui réclame la mort, puis rit avec un air mauvais.

Après de nombreux plans montrant l'attente des personnages, une voiture arrive, dont le cocher est saigné à mort...

Alors que Gisèle s'est assoupie, Gray poursuit la lecture du livre : « La puissance satanique des vampyrs règne sur les fantômes des condamnés à mort. Même des vivants peuvent tomber sous leur domination. En Hongrie, le médecin d'un village devint complice d'un vampyr et l'aida à perpétrer de multiples méfaits. »

Comme Leone va de plus en plus mal, on appelle le médecin... Plusieurs plans, portes ouvertes et fermées, montée d'escaliers montrent son arrivée, et il ausculte la malade. Il prescrit une transfusion sanguine et demande à Gray, s'il est volontaire. Le docteur pratique la transfusion.

En attendant, le vieux serviteur s'est mis à lire le livre : « Dès que le vampyr a terrassé sa proie il essaie de la pousser au suicide pour livrer son âme au Malin. Car qui attente à ses jours est perdu à jamais. Les portes dorées du ciel lui sont fermées. »

Plans qui montrent le docteur et l'infirmière en activité.

Lecture du livre : « Qui pourra sonder les profonds mystères du monde des ténèbres ? Aussi étrange que soit l'existence du vampyr, plus étrange est encore sa destruction. Ces trépassés à la recherche de la paix éternelle doivent être tués pour que l'humanité soit délivrée.

Plans montrant la faiblesse de Gray après sa transfusion.

Lecture : « Comment les rendre inoffensifs ? Dans le village de Vrisilova où un vampyr sévissait sous l'apparence d'une vieille femme, on opéra de la manière suivante : on ouvrit la tombe à l'aube et on transperça son cœur d'un pieu pour fixer son âme odieuse au sol. Elle mourut pour de bon et le mauvais sort fut écarté. Au siècle précédent, une épidémie meurtrière fit onze victimes au village de Courtempierre. Les médecins lui trouvèrent un nom scientifique, mais la rumeur l'attribua à un vampyr. Beaucoup de gens croient que Marguerite Chopin enterrée à Courtempierre serait ce vampyr. Elle fut, toute sa vie durant, un monstre. À sa mort, l'Église lui refusa les sacrements. »

Plans montrant le vieux serviteur qui se lève et sort avec sa lampe, le médecin qui monte l'escalier, la tête de Gray qui dort.

Une main de squelette entre dans le champ par la gauche. Elle tient un flacon dont l'étiquette montre une tête de mort.

Une main entre dans le champ et secoue l'épaule de Gray qui se réveille.

Succession de plans : Leone prend le flacon de poison, le médecin entre et assiste à la scène, Gray entre et arrache le poison des mains de la jeune fille, il sort ensuite à la poursuite des ombres.

Après que Leone s'est plainte : « J'ai peur de mourir. Je suis damnée. Mon Dieu... » Le serviteur se lève et sort.

Dehors Gray court après les ombres. Il s'assoit sur un banc et s'endort. Il se dédouble, son corps restant assis endormi et son double court la campagne.

Le serviteur va chercher des outils.

Le double de Gray arrive à la maison du docteur dans laquelle il voit un cercueil et une inscription sur le couvercle : « Tu es poussière et tu retourneras en poussière ». Dans le cercueil, allongé les yeux exorbités, il reconnaît son propre corps ! Il s'approche d'une porte vitrée derrière laquelle il aperçoit Gisèle les mains liées au montant d'un lit... Il voit le médecin entrer et prendre une clé dans une pendule pour ouvrir la porte derrière laquelle est enfermée Gisèle.

Plusieurs autres plans montrent l'arrivée du garde-chasse avec des outils de charpentier

Le docteur allume un cigare devant le cercueil de Gray. Le garde-chasse saisit le couvercle avec l'inscription.

Plan-séquence terrifiant : la caméra filme la planche tenue par l'homme et qui se tient derrière et se dresse pour regarder à travers l'ouverture aménagée sur ce couvercle pour laisser voir la tête du mort. On aperçoit ainsi la sienne. Il penche la planche pour la poser, l'ouverture cadre ainsi son visage et le spectateur comprend qu'il voit la scène avec les yeux du mort dans le cercueil !

Tous les plans qui suivent sont filmés selon le point de vue du mort. Le croque-mort (le garde-chasse) fixe le couvercle dont l'ouverture sert de cadre.

Plan-séquence : l'image est toujours cadrée par l'ouverture du cercueil selon le point de vue du mort ; le croque-mort pose une bougie allumée sur le couvercle et sort du cadre. Une main avec de la dentelle au poignet entre dans le cadre et saisit la bougie, un visage entre dans le cadre : celui de la vampire. Elle scrute à travers la vitre.

Puis, toujours selon le point de vue du mort, succession de plans montrant le transport du cercueil vers le cimetière avec de longs travellings en contre-plongée du mur de la maison, du ciel et des arbres, de l'Église.

Le point de vue change, car on voit le banc avec Gray assoupi dessus et les quatre hommes portant le cercueil passant derrière. Leur image se dissout et Gray se matérialise en se réveillant.

Une succession de plans brefs montre le serviteur avec des outils sur la tombe de Marguerite Chopin, l'ouvrir, aidé ensuite par Gray, et enfoncer un pieu dans le cœur de la vieille femme qui devient un squelette.

Leone se redresse alors en souriant dans son lit. Elle expire ensuite l'âme en paix.

Vue du ciel avec rayons de soleil.

Vue plongeante sur la tombe que referme le serviteur. Inscription (en français) sur la pierre tombale : Marguerite CHOPIN – Dieu de bonté – donnez-lui le repos éternel.

Successions de plans montrant le médecin et son acolyte, effrayés par des éclairs et un monstrueux visage apparaissant à la fenêtre. Ils fuient. L'homme à la jambe de bois tombe mort dans l'escalier pendant que le docteur fuit à l'extérieur. Gray entre et délivre Gisèle.

Le docteur court vers la rivière et son moulin.

Il sera enfermé et étouffé par la farine que le vieux serviteur fera couler sur lui. Les plans de la mise à mort alternent avec ceux des rouages du moulin et du serviteur.

Pendant ce temps, Allan (ou David...) et Gisèle prendront le bac pour rejoindre le château.

Les cinq derniers plans : le docteur est étouffé sous la farine, seuls le haut de sa tête et son bras dépassent – Allan et Gisèle se promènent dans le parc – le docteur est dans la farine – les deux jeunes gens se promènent entre les arbres sous le soleil – les rouages du moulin s'arrêtent.

Vampyr. Der Traum des Allan Grey. (L'étrange aventure de David Gray) de Carl Th. Dreyer. Prod.

Carl-Th. Dreyer, baron Nicolas de Gunzburg pour Tobis-Klangfilm-France. D'après le roman *In A Glass Darkly* de Sheridan Le Fanu. Sc. Carl-Th. Dreyer et Christen Jul. Déc. Hermann Warm, Hans Bittmann, Cesare Silvani. Phot. Rudolph Maté, Louis Née. Son : Dr Hans Bittman – Synch. Paul Falkenberg. Enr. Tobis-Klangfilm – Mus. Wolfgang Zeller. Julian West/baron Nicolas de Gunzburg (David Gray). Maurice Schutz (le châtelain), Sybille Schnitz (Leone), Rena Mandel (Gisèle), Henriette Gérard (Marguerite Chopin), Jean Hieronimko (le docteur), Albert Bras (le domestique), N. Babanini (sa femme), Jane Mora (la garde-malade).

Le Masque du démon

Le Masque du démon est le premier film de Mario Bava. Il dispose de moyens importants pour le réaliser et y exprime tous les thèmes qui lui sont chers. Le film est une histoire de vampires, mais d'une catégorie à part, sans crocs proéminents, sans volonté de conquête et de pouvoir, une histoire d'inceste comme le cinéaste le rappelle dans la dernière interview qu'il a donnée au journal Libération le 7 mai 1980. Mario Bava a laissé un fils spirituel, Dario Argento. Dans un de ses Gialli, Dario Argento rend un hommage appuyé au thème le plus cher de Bava : le regard. Le titre du film est déjà cet hommage : *Quatre mouches de velours gris*, puisque ces insectes constituent l'image imprimée sur la rétine d'une victime assassinée dont on a extrait l'œil pour essayer de découvrir le coupable. L'œil, tel est l'image obsessionnelle de ce film *Le Masque du démon*. L'œil, cet organe qui sert à regarder, est à comparer, bien sûr, avec la caméra qui est un autre œil du spectateur, avec la différence essentielle que ce n'est pas lui qui le dirige, mais le cinéaste. Il est particulièrement curieux de constater qu'un autre film consacré à cet organe et à son double, la caméra, date de la même année que *Le Masque du démon*, il s'agit du film de Michael Powell, *Le Voyeur* (1960), dans lequel le tueur mêle dans son action de tuer, trois regards, celui de la victime se regardant mourir d'une mort atroce, celui du tueur, et celui de la caméra avec laquelle il filme la victime. Le spectateur peut rajouter deux autres regards : le sien et celui de la caméra qui filme tout cela, c'est-à-dire celui du cinéaste.

Le Masque du démon (1960)
(La mascheria del demonio)

Prologue qui se poursuit jusqu'à la fin du générique :

Le grand Inquisiteur de Moldavie condamne deux vampires : une femme, Asa Vajda et un homme, Igor Iavutich. La lettre « S » (comme Satan) est gravée au fer rouge sur la peau de la vampire. La jeune fille maudit l'Inquisiteur qui n'est autre que son frère, et toute la lignée des Vajda. Le visage de la jeune fille est recouvert du Masque du démon (un masque métallique avec des pointes à l'intérieur) et un bourreau l'enfonce violemment d'un coup de massue. (La violence de cette scène a gêné la censure en son temps...) On tente de brûler son corps sur un bûcher, mais une pluie violente éteint le feu. Le corps du vampire Igor est enterré et celui d'Asa inhumé dans la crypte de ses ancêtres.

Le générique se termine.

Un professeur, le docteur Kruvajan, et son assistant, Andreï Gorobec voyagent en diligence. Ils se rendent à Moscou pour assister à un congrès et sont en retard. Pour gagner du temps, Kruvajan paie le cocher afin qu'il aille au plus court à travers la forêt. Ce dernier a peur de rencontrer la sorcière dans ce lieu maléfique.

La voiture perd une roue. Les deux voyageurs entrent dans une construction en ruines et descendent dans une crypte. Un mouvement de caméra suggère qu'une mission particulière attend ces voyageurs curieux. Ils trouvent le tombeau de la sorcière. Une vitre avec une croix laisse voir le Masque du démon qui recouvre le visage de la sorcière. Andreï sort. Le professeur reste seul. Il est attaqué par une chauve-souris et tire dessus avec son pistolet ; une pierre tombe sur la vitre de la tombe et la casse. Kruvajan, curieux, enlève le masque et se coupe à la vitre cassée : une goutte de sang tombe sur le visage de la sorcière. Ce dernier est resté intact, sauf ses yeux absents qui ne laissent que des orbites vides.

Dehors, Kruvajan et Gorobec rencontrent une belle jeune fille avec des chiens. Katia, la fille du prince Vajda qui ressemble étonnamment à Asa... Les deux hommes emmènent une icône de la crypte. La caméra retourne dans le tombeau pour un gros plan sur les orbites vides de la morte qui grouillent de vers.

Au château, Katia joue du piano, le prince Vajda médite, sombre devant le feu, en présence du jeune frère Costantino. Deux tableaux au mur, dont l'un est celui d'Iavutich (ce qui semble indiquer qu'il faisait partie de la famille). Un tableau a changé : désormais, un dragon (un griffon) est mort. C'est la Saint George : il y a deux siècles que la malédiction est lancée. Le prince Vajda raconte comment, il y a un siècle, la princesse Macha, qui ressemblait également à la sorcière, a été tuée par elle. Dans l'alcool de son verre, il voit le Masque du démon !

La caméra retourne au tombeau : des yeux poussent à la sorcière.

Kruvajan et Gorobec sont à l'auberge. Une adolescente doit aller traire les vaches à l'étable près du cimetière (qui n'a pas eu peur, enfant, quand un parent a ordonné d'aller chercher quelque chose en pleine nuit à la cave ?). Elle a très peur d'y aller. Longue scène au cours de laquelle la fille effrayée rejoint l'étable dans la nuit. Kruvajan se promène en fumant sa pipe et lance un caillou dans l'eau. L'eau fait des ronds dans lesquels s'incruste le visage de la sorcière qui parle : « Iavutich : lève-toi ! lève-toi ! »

Retour à l'étable. Des coups de tonnerre éclatent. De l'intérieur de l'étable, la caméra filme le vieux cimetière au travers du cadre que forme la fenêtre : la terre d'une tombe remue, une main émerge, une autre et le Masque du démon apparaît. L'homme fait quelques pas et arrache son masque.

Au château, le prince se réveille, un courant d'air secoue tout dans la grande pièce... et la porte de sa chambre s'ouvre sur Iavutich, un dragon en forme de "S" brodé sur sa poitrine (il y a le même au fond de la cheminée). Il s'approche menaçant, mais le prince le repousse en lui montrant une croix.

Le sorcier se rend à l'auberge chercher le docteur Kruvajan en lui faisant croire que le prince avait besoin de lui. Il l'emmène en carrosse au château où ils empruntent le passage secret qui mène à la crypte. Ce passage se trouve au fond de la cheminée derrière le dragon en forme de "S". Kruvajan est laissé seul. Asa est toujours dans son tombeau, mais, cette fois, elle a retrouvé ses yeux. Le docteur, effrayé, tente de fuir. Le tombeau se disloque et la vampire s'exclame : « Je t'attendais ! » elle l'hypnotise (toujours le pouvoir des yeux...) et le vampirise par un baiser. Elle a besoin de tout son sang pour vivre...

Le professeur Kruvajan apparaît à la famille Vajda réunie au complet au château. Il hypnotise le prince bien qu'ayant peur du crucifix. Dans la crypte, le vampire Iavutich explique à Asa qu'il faut tuer Katia. Au château, Katia restée seule avec le docteur vampirisé et son père le prince va se coucher...

Toutes les portes grincent...

Au petit jour, le prince est mort... Kruvajan, devenu vampire, a disparu. Les gens du village trouvent un cadavre au bord de la rivière. Andreï Gorobec se lève et ne voit plus le professeur Kruvajan. Il se rend au château pour aller aux nouvelles. Le cadavre découvert au bord de la rivière s'avère être celui de Boris, le cocher du château.

Au château, Katia s'évanouit et Andreï la porte sur son lit et la soigne. Il dégrafe son corsage...

L'adolescente qui s'était rendue à l'étable a vu la voiture, non pas conduite par Boris, mais par le vampire Iavutich, exécuté il y a deux siècles.

Andreï qui est également docteur constate, en examinant les corps, qu'ils ont été saignés à blanc. Au pope présent, il explique l'affaire du tableau.

À minuit, le passage secret au griffon (le dragon au fond de la cheminée) s'ouvre pour laisser passer le professeur Kruvajan et le vampire Iavutich. Ce dernier ordonne : « Va ! »

Chambre de Katia : elle se déshabille et, derrière elle, les rideaux bougent.

Chambre d'Andreï : l'icône tombe au sol.

Chambre de Katia : elle enlève la croix qu'elle portait et une main sort de derrière les rideaux ; elle crie et appelle les jeunes hommes au secours. Andreï va alors chercher un calmant et rencontre Kruvajan à qui il montre l'icône qui le fait fuir. Les chiens ont été saignés. Le pope essaie de comprendre ce que signifie l'icône. Scène romantique entre Katia et Andreï devant une fontaine.

Un cierge enflamme un rideau. Un domestique tente d'éteindre ce début d'incendie et crève le portrait d'Iavutich : il y a un passage secret derrière ! Costantino (le frère de Katia) actionne un levier qui fait s'ouvrir le passage derrière la cheminée. Andreï et lui l'empruntent et la porte se referme derrière eux laissant seul le domestique qui se fait étrangler avec une cordelette. Andreï et Costantino arrivent dans la crypte et voient Asa, la vampire. Costantino rebrousse chemin, mais se heurte à la porte fermée du passage de la cheminée. Iavutich apparaît et Costantino disparaît dans une oubliette. Andreï et le pope vont au cimetière et trouvent la terre de la tombe d'Iavutich retournée et le Masque du démon. Dans le cercueil se trouve le corps de Kruvajan. Le pope pose la croix sur son front qui brûle. Le religieux a compris l'icône : pour sauver l'âme du vampire, il faut lui traverser le crâne par l'œil gauche.

Katia erre dans le château et appelle : « Ivan ! (le domestique) Costantino ! » Elle trouve Ivan pendu et crie : « Au secours ! Au secours ! » Elle pleure sur le corps de son père dans son cercueil. Le prince ouvre les yeux et lui dit qu'il n'est plus son père. Elle s'évanouit. Le prince essaie de la mordre au cou, mais Iavutich l'en empêche et le jette dans la cheminée où son corps brûle. Le vampire emmène Katia vers Asa la vampire... Andreï, revenu, trouve le cercueil du prince vide. Asa prend le bras de Katia. Iavutich empêche Andreï de passer ; ils se battent au bord de l'oubliette. Les plans alternent entre le combat des deux hommes et la scène entre Katia et Asa. Celle-ci tente de mordre son sosie, mais elle porte une croix. Andreï est vainqueur et on retrouve Costantino.

Andreï accourt et retrouve Katia. Mais, non ! c'est Asa ! Il va crever l'œil gauche de Katia ! mais il voit la croix... et comprend sa méprise. Il la pose sur le front de la jeune fille et rien ne se produit. En écartant la cape d'Asa, il voit que son corps n'est qu'un squelette. Asa essaie de l'hypnotiser. Le pope arrive avec la population en colère et brûle la sorcière. Quand elle meurt, Katia revit... Dernier plan sur le bûcher.

Asa revit-elle dans le corps de Katia ?
Fin.

Le Masque du démon (1960) (La Mascheria del demonio). Réal. Mario Bava. Ass. Réal. Vana Caruso. Sujet de Ennio De Concini et Marcello Coscia d'après la nouvelle de Nicolas Gogol : *Vij*. Sc. Ennio De Concini, Mario Serandrei, Mario Bava et Marcello Coscia. Dir. Ph. Mario Bava. Op. Ubaldo Terzano. Script Girl : Bona Magrini. Mont. Mario Serandrei. Dir art. Giorgio Giovannini et Mario Bava. Cost. Tina Loriedo Grani. Mus. Roberto Nicolosi. Prod. Galatea et Jolly Film. Prod. Dél. Massimo De Rita pour Galatea.Premier ass. Prod. Paolo Mercuri, second ass. Prod. Amando Govoni. Filmé aux studios Titanus. Avec Barbara Steele (Asa et Katia), John Richardson (Andreï Gorobec), Andrea Checchi (le docteur Kruvajan), Ivo Garrani (prince Vajda), Arturo Dominici (Iavutich), Enrico Olivieri (Costantino Vajda) et Antonio Pierferderici, Tino Bianchi, Clara Bindi, Mario Passante, Germania Dominici, Renato Terra. Film noir et blanc.

Deux nouvelles vampiriques

Espérance

Les 7 derniers jours de Bela Blasko

Espérance

Lorsque le train s'arrêta en gare d'Espérance, la petite ville fluviale était sous la brume.

Jean Calmet ressentit le froid humide du fleuve en posant le pied sur le quai. Déjà, l'ambiance n'était pas à l'accueil.

Véronique, toujours aussi obsédée par les phénomènes supranaturels, l'avait supplié de venir enquêter ici. Le détective n'aimait pas les histoires de revenants : toutes celles qui avaient fait l'objet de ses enquêtes s'étaient avérées bidon. Mais sa douce amie avait tellement insisté...

« Pourquoi n'y vas-tu pas toi-même ? C'est toi la spécialiste de ce genre d'affaire...

— Tu sais bien que je suis occupée ailleurs. Cette enquête nous rapporte gros : notre commanditaire m'a déjà versé un énorme acompte. Tu peux pas refuser !

— Oh ! Chiotte !

— Aller ! Râle pas !...

— Et c'est qui le commanditaire de cette enquête que je dois mener ?

— Je peux pas te le dire ! Pour la bonne et simple raison que je ne le sais pas moi-même !

— Hein ?

— Regarde... »

Et elle lui tendit une grande enveloppe.

Il la saisit un peu hésitant, car il sentait que s'il prenait connaissance de son contenu, il ne pourrait plus reculer. Elle contenait une lettre dactylographiée accompagnant une coupure de journal, une photographie et une liasse de billets. La lettre commandait une enquête dans la petite ville d'Espérance et promettait la même somme en cas de succès.

« Mais enquêter sur quoi ?

— Lis la coupure de presse. » Répondit Véronique.

Le titre annonçait :

Découverte de vestiges sur une île du fleuve.

Puis, le corps de l'article :

Une grave pollution chimique du fleuve a conduit la Compagnie à faire baisser le niveau du cours d'eau pour qu'il soit plus bas que celui de la nappe d'eau potable. Ainsi, l'eau gravement polluée ne pouvait pas entraîner sa pollution dans la nappe phréatique.

C'est à cette occasion qu'est apparue une île inconnue jusqu'alors. Cette île s'est-elle formée par apport d'alluvions fluviaux ? Ou par soulèvement du sous-sol ? Quoiqu'il en soit elle est apparue. Cet événement étrange en accompagnait un autre : il y a sur cette île un ensemble de ruines mystérieuses ! Immédiatement les services compétents ont été prévenus et une équipe d'archéologues s'est rendue sur les lieux. Aujourd'hui, ces vieilles pierres n'ont pas encore laissé percer leurs secrets. On parle de temple pour célébrer le culte de Cybèle ou de Mithra, culte cruel consistant à égorger un taureau pour s'en faire asperger de son sang afin de se purifier et de commencer sa route vers l'éternité.

Dans la petite ville d'Espérance, on dit que cette île est hantée. Qu'elle est le lieu du passage vers les enfers où vit le Drac, monstre assoiffé de sang qui apparaît parfois en émergeant du fleuve comme le dit la légende.

Mais comment cela peut être dit alors que cette île n'existait pas auparavant ?

En attendant, la Compagnie exige que les fouilles se terminent rapidement afin de rétablir le niveau de l'eau, car à chaque minute qui passe, c'est de l'énergie hydraulique perdue... »

Puis, il regarda le cliché. Il représentait une pierre avec un signe gravé dessus. Il reconnut les caractères de la petite machine qu'ils avaient trouvée lors de précédentes aventures. Leur présence indiquait la possibilité d'un passage vers des mondes extérieurs. Les gens d'Espérance n'étaient pas si bêtes que cela...

C'est cette photographie qui le décida à y aller !

Il marchait dans les rues pavées d'Espérance. Une rue étroite, parallèle au fleuve qui se dirigeait vers une sombre colline rocheuse portant sur ses flancs les ruines d'une vieille bâtisse.

À l'hôtel, le réceptionniste bougon lui remit ses clés sans un mot. La chambre 217 était vraiment miteuse : un mobilier réduit à sa plus simple expression, un peu bancal sur une moquette pelée et souillée de nombreuses taches qui déclenchèrent dans l'esprit du détective des images parfois sordides. Bon ! Il était tard et il était temps de se coucher. On verrait bien demain.

À l'aube, il était déjà au bord de l'eau : il ne voulait pas rater le bateau qui se rendait sur l'île. Après une heure d'attente, il vit arriver une charmante jeune fille. Il l'aborda prudemment :

« Vous faites partie du chantier de fouilles ? » Questionna-t-il, l'air le plus aimable possible.

La fille le regarda d'un air méfiant.

« Oui ! Que voulez-vous ?

— Voilà, je voudrais rencontrer votre responsable, car je fais un reportage sur les légendes qui sont liées aux lieux que vous défrichez...

— Ah ! Vous êtes journaliste alors ?

— Non, écrivain plutôt.

— Bon. Mon chef arrive. Le voilà... »

Un jeune homme déboucha de la rue qui donnait sur les quais. Jean s'approcha.

Le responsable des fouilles accueillit Jean avec amabilité.

« Bonjour ! Je suis Jean Calmet. Je suis écrivain. Je prépare un livre sur les légendes liées au culte de Cybèle et Mithra dans la vallée. J'aimerais pouvoir visiter votre chantier pour en apprendre plus et faire quelques photos. »

— Ah ? Bon... »

L'homme était intrigué. Il montra un visage fermé. Mais Jean crut déceler comme un air de soulagement dans son regard fuyant.

« On peut parler maintenant ? Ou vous préférez que je revienne ?

— Non, non. Je... vous pouvez visiter le chantier. Je vais désigner quelqu'un pour vous conduire. Ce n'est pas très grand. De toute façon il est situé sur une île. Venez, nous embarquons. »

Ils montèrent sur le bateau pneumatique à moteur alors qu'une brume montait du fleuve. Il fallait contourner quelques bancs de sable avant d'atteindre l'île. Elle apparut soudain dans une déchirure du brouillard épais que le fleuve semblait avoir produit pour cacher les ruines aux yeux des riverains. Un banc de graviers assez plat qui présentait en son centre un amas de pierres moussues desquelles pendaient encore quelques plantes aquatiques déjà séchées. Au centre de ce tas pierreux, émergeait une petite tour cylindrique.

Ils étaient quatre dans la petite embarcation : la jeune fille, le responsable des fouilles, un autre gars qui pilotait le bateau et Jean.

« Les autres nous rejoindront ensuite. Le bateau fera plusieurs navettes. » Se crut obligé d'expliquer le responsable.

« Je m'appelle Didier — déclara-t-il à l'intention de Jean — et vous ?

— Jean... Jean Calmet

— Vous avez vu l'île ? On y arrive dans une minute. Qu'est-ce qui vous intéresse dans cette île ?

— Je vous l'ai dit : je recherche toute trace des cultes du taureau... et les légendes du Drac...

— Ce ne sont que des légendes n'est-ce pas ?

— Oui... pourquoi ? Il me semble entendre comme un ton de contrariété dans ce que vous dites. »

L'air était calme et frais. Et ils approchaient.

« Vous savez que l'apparition de cette île a réveillé des tas d'histoires de fantômes chez les gens du bled ?

— Et vous en avez vu des fantômes ? »

Didier hésita.

« Peut-être... je les ai devinés. Mais il faudrait venir la nuit. C'est la nuit qu'apparaissent les fantômes, non ? »

Jean ne répondit pas à la provocation.

« Et à part ça qu'avez-vous trouvé sur cette île ?

— Pas grand-chose jusqu'à présent... des pierres et un puits. C'est tout...

— Et il est intéressant, ce puits ?

— Peut-être, car il était complètement fermé. Un tube de pierres maçonnées enfoncé dans le lit du fleuve. Nous avons pratiqué une ouverture latérale sous la voûte. Nous avons sondé sa profondeur. Il n'est pas très profond, pas plus que le fleuve lui-même. »

Ils accostèrent.

L'endroit était assez quelconque. Un tas de pierres moussues au centre duquel dépassait un cylindre maçonné d'environ deux mètres de diamètre.

Ils en avaient vite fait le tour. Une échelle était posée contre la construction et un tas de pierres se trouvait disposé à quelques mètres de là. Le bateau repartit chercher le reste de l'équipe et les deux jeunes gens se mirent au travail : examiner une à une les pierres de la construction effondrée.

« Au boulot, il ne nous reste que peu de temps avant la remise en eau... »

Jean s'approcha du puits et gravit l'échelle. Il ne savait pas s'il devait être déçu ou pas.

En haut de l'échelle, on accédait au conduit vertical par une ouverture irrégulière pratiquée sur la paroi du cylindre. Il passa la tête et vit la surface brillante de l'eau. L'odeur humide lui rappelait quelque chose : cet arrière-goût qui accompagnait les « passages », il en était sûr. Mais comment en ouvrir un ici ? Il lui faudrait revenir seul. En se penchant, il se coucha à l'horizontale pour regarder la voûte au-dessus de lui. Elle était vaguement éclairée par les reflets argentés de l'eau du puits. Il remarqua qu'il manquait une pierre juste au-dessus de l'entrée creusée par les archéologues.

Le miroir. Le miroir de l'eau constituerait un passage. Il en était sûr. Il fallait trouver la pierre qui manquait. Celle de la photo dans le dossier que lui avait remis Véronique. Quelqu'un devait la lui remettre. Rendez-vous était déjà pris pour la fin d'après-midi.

Il négocia le prêt d'une barque pour revenir dans la soirée. Seul. De toute façon les fouilles se terminaient sans avoir apporté quoi que ce soit d'intéressant. La Compagnie allait remettre le fleuve en eau. Il fallait faire vite.

Le café était mal famé. Mais c'était son rendez-vous. Des types crasseux regardaient de biais lorsqu'ils croyaient ne pas être vus. Le dessus de la table était tout collant. Le patron était un arabe souriant. En étalant la crasse sur la table avec un torchon gluant, il demanda :

« Qu'est-ce que vous buvez ?

— Un demi... J'ai un rendez-vous. Personne ne m'a demandé ?

— Ah ? Un type là-bas attend aussi quelqu'un...

— Merci. »

Le détective se leva et s'approcha du type en question : un gros mec qui lui tournait le dos, son crâne chauve luisant sous les néons. En contournant la table, il vit de qui il s'agissait. Une vieille connaissance à lui. Un de ses correspondants qui lui avait déjà fourni un document précieux lors d'une autre aventure.[4]

« Salut Jean. Ferme la bouche, tu vas gober des mouches...

— Ça va. Qu'est-ce que tu fiches ici ? » Répondit Jean.

« Je suis envoyé par ta chère et tendre. On lui a fait parvenir un objet que je dois te remettre. »

Sur ces mots, il leva son petit verre de rouge et l'avala d'un trait.

« Alors, donne ! S'énerva Jean.
— Ben, pas comme ça...
— Comment ça, "Pas comme ça !" ?
— Ben, et l'argent ?
— L'argent ? Véro ne t'a pas payé ?
— Ben non ! Elle aurait eu trop peur que je me tire sans te donner l'objet...
— Combien ?
— Deux mille francs.
— Bon, ça va, c'est pas trop cher... Bouge pas, je demande confirmation à Véro avec mon portable. »

Il regagna sa place et saisit son portable dans sa poche. Il tapa les numéros et porta l'appareil à son oreille. Il regarda par la fenêtre en attendant que sa correspondante réponde. Il lui sembla reconnaître Didier dans une ombre derrière la cabine téléphonique. Une bande de jeunes maghrébins était agglutinée non loin de là en poussant des cris en guise de conversation.

« Allô ?
— Véro ?
— Oui...

---

[4] Voir « Ruines » du même auteur chez le même éditeur.

— C'est Jean...
— Ah ! Comment va mon chéri ? T'es arrivé ?
— Oui. J'ai visité l'île. Rien de fantastique. À part un puits.
— Ah ? Voilà, voilà. C'est bien ce que je pensais. Je t'envoie Gilles Leroy, ton meilleur correspondant. Il doit te remettre la pierre. Celle qui va s'encastrer dans le puits, celle qui comporte un signe, celui de la photo.
— Mais bon dieu, comment tu fais pour savoir tout cela ?
— À chaque fois que tu poses cette question, c'est que tu oublies que je suis un peu spéciale dans ce monde...
— Ah oui ? J'aime que ce soit toi qui me le rappelle.
— Quoiqu'il en soit, fais ce que tu dois, et surtout, soit prudent, là-bas...
— Là-bas ?
— Oui, là-bas, de l'autre côté...
— Bon dieu, tu penses que je vais passer de l'autre côté ?
— Et pourquoi crois-tu que tu es à Espérance ? Nous voulons savoir vers quel monde mène cette porte non ? Si tu prends tes précautions, tu ne risques rien...
— C'est ce qu'on dit !
— Tu es sûr que tu n'as pas été suivi ?
— Je pense que je ne l'ai pas été, oui... Par qui voudrais-tu que je sois suivi ?
— N'oublie pas qu'Anatole est toujours dans la nature. Il cherche tout passage vers un monde extérieur. Surtout celui dont il vient...

— J'y ai pensé à ce monstre... Je me demandais...

— Tu te demandes qui nous a fait parvenir ces documents ? Je ne sais pas.

— Tu veux pas me le dire, plutôt...

— Non. J'te le jure sur la tête de ma mère !

— Elle est bonne : t'en n'as jamais eu de mère

— Un à zéro. Je serais aussi curieuse que toi de connaître notre informateur. Peut-être même qu'il y en a deux...

— Bon ! Je t'avais pas appelée pour une si longue conversation. J'te quitte.

— Allez, au revoir. Et fais attention... surtout à Anatole. »

Il en mourrait d'envie de passer de l'autre côté. Cela l'excitait tellement que la seule chose qu'il craignait était de ne pas réussir son coup. D'ailleurs, Véronique le savait très bien et lui laissait le soin de mener à bien cette investigation.

Il allait appuyer sur le bouton d'arrêt quand il se souvint brusquement de la raison de son appel et il cria dans l'appareil, attirant l'attention sur lui :

« Véro ?

— Oui. Qu'est-ce qu'il y a ?

— J'oubliais l'essentiel : Leroy me demande deux mille francs. C'est bien ce que tu avais prévu ? »

Elle réfléchit un moment puis : « Oui. D'accord. »

Et elle raccrocha.

« Une vraie spécialiste pour semer le doute ! » Râla-t-il intérieurement.

Il retourna vers son correspondant et s'assit à sa table.

La pierre était de la même matière que celles qui tapissaient l'intérieur du puits. Elle portait bien l'inscription : la représentation d'une espèce de serpent dont le haut du corps était constitué d'un torse humain avec deux bras et une tête animale. Une gueule et des yeux féroces, sans pitié, sans humanité, rendaient l'image inquiétante. Un vieux type qui sortait du bistrot en passant derrière Jean Calmet s'exclama : « Le Drac ! »

Jean demanda :

« Le Drac ? C'est quoi le Drac ?

— Un être de légende qui hante les profondeurs du fleuve et qui enlève les femmes.

— Un conte de fées alors ?

— Oui, le fruit de l'imagination humaine... »

Et le vieux sortit en haussant les épaules.

« Tu t'intéresses aux légendes maintenant ?

— Comme toujours... »

Leroy n'avait pas lâché la pierre. Il se contentait de la montrer à Jean. Il avait l'air un peu tendu. Jean se rendit compte que ce type en face de lui était en train de prendre une décision.

Ça y est : elle était prise.

« Je... je ne me contenterai pas de deux mille francs. J'ai une autre requête...

— Laquelle ? »

Jean se replia dans sa coquille de méfiance.

« Je veux venir avec toi. Et mon ami aussi.

— Ton ami ?

— Oui, celui qui a trouvé la pierre. Il ne demande rien. Seulement, il veut venir aussi.

— Je... ne sais pas... »

Aussitôt, devant l'hésitation de Jean, Leroy remit la pierre dans sa poche avec un de ses gestes gracieux et rapides comme l'éclair.

« C'est à prendre ou à laisser. Alors ?

— ....

— Tu veux un délai de réflexion ?

— Je ne sais pas. On n'a pas bien le temps. Ton ami, là... il veut juste voir ou quoi ?

— Ouais ! Il veut juste voir...

— Bon. Je crois que je n'ai pas le choix. Où est-il ?

— Il nous attendra sur l'île... »

La soirée était extrêmement fraîche et de la brume montait au-dessus du fleuve. Ils montèrent tous les deux dans la barque et Jean, par de robustes mouvements des bras, se mit à ramer en direction de l'île. On pouvait la repérer par le petit lumignon de la lampe tempête qui avait été laissée là. L'éclairage public d'Espérance jetait un halo grisâtre sur ce petit tas de cailloux qui constituait l'île.

Soudain, là-bas sur l'île, une ombre se dessina. Un grand type, comme une ombre chinoise, tirait vers le bord ce qui apparaissait comme le corps d'un homme... Celui-ci partit dans le courant, et la grande ombre se redressa en regardant fixement l'embarcation qui s'approchait. Jean Calmet crut reconnaître cette silhouette : Anatole ! Ce jeune homme qui était passé de l'autre côté et qui était devenu vampire. Un terrible prédateur, qui cherchait à tout prix un passage. Pourquoi ? On ne le sait pas. Certainement pour trouver ses semblables et les faire venir dans notre monde... D'ailleurs, toutes ces légendes, comme celles du Drac, ont une base réelle. Ces dragons, monstres, vampires et lutins, sont des êtres des mondes extérieurs qui ont pu échapper à la vigilance des « gardiens » des portes. Ces derniers ne donnent pourtant plus signe de vie dans notre monde.

L'ombre sembla se diluer dans la grisaille du soir... Jean se tourna vers son compagnon. Il ne semblait pas avoir vu, car il se tenait tête baissée.

« Tu sais nager ? Interrogea Jean.

— Euh... Non !

— T'inquiète pas, je suis un très bon nageur... »

Ils abordèrent sans encombre. Ils ne voyaient personne. Pourtant les lieux ne comportaient aucun obstacle, à part les ruines et le puits... Où était passée l'ombre ?

Jean descendit le premier. Leroy hésitait à poser le pied à terre.

« Tu viens ? Qu'est-ce que tu fais. Tu hésites. C'est bien toi qui avais demandé de venir, non ?

— Je ne vois pas mon ami...

— Moi non plus. Il n'a pas pu venir. Il n'y a pas d'autre barque que la nôtre...

— Je suis inquiet...

— Aller ! Courage. Arrive, sinon j'y vais sans toi.

— Ouais... c'est ça. Vas-y sans moi. »

Il fourra la main dans sa poche et en sortit la pierre. Il la lança au détective qui l'attrapa au vol de justesse.

« Comme tu voudras. Mais si ton « ami » traîne par là, il pourrait s'occuper de toi. »

Mais Leroy n'écoutait plus. Il était mort de peur. Jean avait fait l'erreur de s'éloigner un peu. Le gros homme descendit de la barque, la poussa à l'eau, bondit dessus et s'éloigna à grands coups de rames.

Stupéfait, Jean tenta de l'attraper, mais trop tard et cria :

« Tu sais pas nager !

— M'en fous ! Démerde-toi ! »

Et il disparut dans la nuit, emporté par le courant.

La terreur, insidieusement, s'infiltra alors dans l'esprit de Jean, resté seul. Il tenta de regarder la pierre, mais l'obscurité était trop épaisse. La faible lueur de la lampe tempête posée sur la fenêtre du puits le repoussait, le vent donnant à sa lueur tremblotante des aspects maléfiques. Et, soudain, elle fut cachée par l'ombre, celle qu'il avait vue du bateau. Et cette ombre parla, d'une voix grave et profonde :

« Et Véro, tu n'as pas amené Véro ?

— Comme tu vois, je suis seul...

— Approche. Peut-être réussiras-tu à me faire passer de l'autre côté.

— Tu sembles avoir oublié la malédiction qui t'interdit de le faire ?

— Rien n'empêche d'essayer. Tu connais ma force. D'autant que je viens juste de la reconstituer...

— Ah ? »

Jean Calmet réfléchissait. Cette dernière information le rassura. Un intrus a été la victime du vampire. Son repas. Leroy ne le savait pas. Il a fui, car il a pris conscience, petit à petit, qu'il était le mieux placé pour fournir à la créature l'énergie vitale dont elle a besoin. Par contre, Jean devait rester en vie pour l'emmener de l'autre côté.

Mais il savait que cela ne marcherait pas. Rien n'était changé. Anatole le vampire, une fois de plus, ne pourrait pas passer. Autant satisfaire son envie.

Le détective ne voyait pas le visage de la créature. Il ne l'avait d'ailleurs jamais vu. Seule Véro avait eu le loisir de détailler sa terrible figure. Elle savait ce qu'elle faisait en envoyant Jean au front, et elle, en restant sur l'arrière.

Anatole restait silencieux. Il ne doutait pas de la décision de Jean. Mais celui-ci joua le suspens.

« Si je refuse ?

— Tu as tous les atouts en main. Sans toi je ne peux rien tenter. Mais tu ne peux rien contre moi non plus. Si tu refuses, tu te prives du passage de l'autre côté...

— Tu crois ? »

Anatole ne répondit pas. Il parla d'autre chose.

« Je sens ici une présence. Cette île est hantée. Elle possède des flux d'énergie considérables. Je vois un petit garçon nommé Sacha qui y meurt. Il passe et repasse de l'autre côté. Autrefois, il a réussi son passage. Mais il est resté coincé entre les deux mondes. Ouvre la porte et tu lui apporteras la paix... »

Jean ne répondit pas. Il connaissait ces phénomènes de hantise à proximité des « passages », car ces derniers conservaient les traces du passé. Les gardiens savaient les faire revivre artificiellement. Mais ici, il n'y avait pas de gardiens... D'ailleurs le monologue du monstre ne demandait pas de réponse.

Effectivement, l'angoisse serra le cœur du détective. Il vit alors, comme s'il pouvait regarder au fond de lui-même sur l'écran de son inconscient, il vit un petit enfant, un de ces garçons des rues, plein de malheur. Il pleurait. Son visage, rongé et boursouflé, présentait des traces de griffures, comme si, avant de se noyer et d'être dévoré par les bestioles du fond, il avait traversé en courant un épais buisson de ronces.

Cette vision le décida.

Il s'approcha du puits en glissant sur les galets gluants. Sans s'occuper du personnage au visage de gargouille qui fut autrefois un jeune homme nommé Anatole. De toute façon, il ne pouvait rien faire contre lui. Il devait juste faire un effort surhumain pour supporter sa présence et ne pas prendre ses jambes à son cou, plonger et traverser le fleuve à la nage.

La lampe tempête éclairait l'intérieur. Une corde pendait et trempait dans l'eau qui brillait au fond. Sans attendre, il se pencha dedans en veillant à ne pas faire tomber la lampe et se tourna vers le haut, en s'asseyant sur le rebord de l'ouverture de manière à pouvoir accéder à l'orifice dans lequel la pierre devait s'encastrer. Présentée, celle-ci rentra sous une forte pression en glissant comme un piston dans une chemise bien huilée d'un moteur à explosion. Aussitôt une vibration monta dans un crescendo de notes claires, mais sourdes. Jean se retourna brutalement en se faisant mal à la colonne vertébrale et regarda la surface de l'eau, car un reflet argenté brillait sur la voûte de la construction. Elle s'était transformée en surface aussi brillante et liquide que du mercure. Il pensa au film « Orphée », dans lequel, justement, Jean Cocteau utilisa des nappes de mercure pour créer l'illusion de la traversée du miroir.

Jean ne traîna pas. Il savait qu'il devait passer avant que les fantômes créés par le passage — une espèce de sécurité construite par les « Gardiens » — ne se cristallisent. Il pensa à Sacha, le petit noyé et n'eut vraiment pas envie de le rencontrer. Au moment où, en faisant glisser ses fesses le long du mur, il allait plonger, une serre puissante saisit son bras.

« Ne pars pas sans moi, petit détective...

— Suis-moi. Tu verras bien si les « Gardiens » t'ont oublié... »

La main squelettique, mais puissante le lâcha. Il plongea et, immédiatement, il fut debout, dans un tunnel de vieilles pierres moussues, devant une surface verticale de liquide brillant, mais opaque. Sans rien ressentir, il était passé de la verticale à l'horizontale. Seul. Anatole n'était pas passé. Allait-il reprendre la pierre ? S'il le faisait, cela empêcherait-il son retour ? Il hésita encore un peu, se demandant si, tout compte fait, il ne devait pas rebrousser chemin...

Le boyau dans lequel il se trouvait suintait d'humidité. Une odeur puissante, à la fois terrifiante et attirante, régnait comme pour signaler une horrible présence. Un mélange de putréfaction et de sang.

Soudain, un bruit déchira le silence épais, un drôle de bruit. Jean crut reconnaître un meuglement de taureau... Comme une plainte qui projeta immédiatement dans son cerveau un souvenir précis. Il avait autrefois assisté à l'égorgement d'un taureau par un rabbin aux abattoirs de Lyon. On avait amené la bête en la tirant par une chaîne solide enroulée à l'anneau de ses naseaux. La pauvre bête résistait faiblement, comme déjà résignée à la mort. Habilement, un homme habillé d'un tablier de cuir enroula une chaîne solide autour d'une patte de la bête et un palan tira inexorablement pour faire tomber cet amas de muscles sur le côté. Le palan tira vers le haut pour bien coucher l'animal sur le dos. Un autre palan cliqueta pour tirer la chaîne de l'anneau nasal, chaîne qui agissait à l'horizontale grâce à une poulie. Ainsi, le pauvre bœuf avait le cou bien tendu. Le rabbin brandit un long couteau de sa main droite. De l'autre main, il s'appuya sur le cou de la bête et coupa de plusieurs gestes sûrs et saccadés. Le sang gicla une fraction de seconde plus tard d'une plaie béante. Le bœuf cria, mais ce cri n'eut pas le temps d'exister. Il se transforma en gargouillis liquide qui sortait de la plaie. Le liquide rouge et chaud giclait en deux longs jets à deux mètres de distance. La bête agitait ses membres dans de terribles soubresauts. Ces mouvements saccadés de la vie, dans une lutte perdue d'avance contre la mort, continuèrent bien après que le sang chaud eut cessé de gicler.

Un autre souvenir se superposa à celui-là. L'égorgement des veaux dans le terrible film de Georges Franju, « Le sang des bêtes ». Cette vision du bœuf égorgé aux abattoirs de Lyon avait donné de la couleur dans sa mémoire au film en noir et blanc du grand cinéaste français. Tout à coup, un nouveau cri résonna dans le silence tout neuf qui s'était imposé après le cri de la bête. Une plainte de terreur humaine !

La décision que Jean avait à prendre était compliquée par des sentiments contradictoires, mais qui avaient tous en commun un point : la peur. Peur de rebrousser chemin et de trouver Anatole. Peur de rester ici, dans cette odeur abominable, dans ce tunnel de pierres moussues et suintantes, éclairées par cette lueur métallique sinistre de la paroi du passage qui lançait des ombres inquiétantes sur ses anfractuosités. Peur que ce passage ne se referme. Peur de ce qui l'attendait là-bas, au bout du tunnel...

Mais Jean Calmet avait appris à être courageux. Il n'oublia pas pourquoi il était venu.

Il s'élança donc vers l'avant, vers ces bruits terrifiants. Il avait emmené une petite lampe de poche étanche avec lui. Elle lui serait bien utile plus loin quand la lumière du passage aurait perdu de son efficacité à cause de la distance.

Après quelques minutes de progression dans ce tube qui lui rappelait un égout, vers l'avant, il discerna dans la presque totale obscurité une lueur jaune qui sortait d'une cavité sur les côtés. L'odeur puissante était devenue très forte. Il s'approcha et regarda.

Dans une espèce de cave éclairée par des torches, des corps humains nus étaient pendus par les pieds. De leur cou quasiment sectionné s'égouttait du sang. Leurs yeux encore exorbités par la terreur de la mort donnaient une vie nécromancienne à leur visage blanc verdâtre. Au milieu de la pièce, l'énorme corps d'un taureau noir — la gorge également tranchée — gisait sur une grille grossière qui constituait le plancher de cette pièce. Ses pattes puissantes étaient encore agitées de soubresauts. Un homme costaud, coiffé du bonnet phrygien découpait les parties sexuelles de la bête. Puis, il sortit par une autre porte située en face de celle où Calmet observait la scène. Après une minute d'attente, le détective s'introduisit dans le local. Il marchait sur une épaisse grille en fonte. Il regarda sous ses pieds. Une fosse pleine de sang donnait une idée de l'importance du nombre des exécutions qui avaient eu lieu ici. L'odeur était suffocante. Soudain, il perçut un mouvement à la surface du liquide rouge et fumant. Une tête émergea. Au milieu d'un visage terrifiant, deux yeux rouges terriblement bestiaux, mais intelligents le fixèrent. D'un puissant mouvement de sa queue musclée, le Drac sauta de sa piscine de sang, et s'agrippa aux barreaux de la grille.

Il tenta de saisir la cheville de Jean en passant une main griffue au travers. Mais Jean, poussé par la terreur, avait déjà reculé. La créature poussait des cris. Des cris qui alertaient d'autres créatures. Des cris qui auraient paralysé quiconque. Mais Jean avait vu pire. Il retourna dans son boyau de pierres. Et vit au loin, une lueur jaunâtre bouger et entendit les grognements de ses poursuivants. Il devait donc retourner d'où il venait. En espérant violemment que ce passage qu'il venait d'ouvrir ne permettrait pas à ces créatures d'atteindre notre monde qui paraissait merveilleux à côté de celui-ci...

Là-haut, Anatole trempait dans l'eau du puits, tout simplement. Impuissant devant cette incapacité qu'il avait de passer de l'autre côté. Mais il avait toute l'éternité devant lui. Il grimpa le long de la paroi comme un lézard et tenta de sortir la pierre de son trou. Mais c'était impossible. Elle était parfaitement scellée... Soudain, une main agrippa sa cheville et tira fort vers le bas. La tête de Jean sortit soudain de la surface de l'eau en suivant son bras. Mais il n'était pas mouillé. Absolument sec, car ce n'est pas l'eau qu'il traversa, mais la surface de mercure brillante. Anatole poussa un cri de surprise : « Tu reviens déjà ? » et lâcha prise. Il tomba dans l'eau alors que Jean avait eu le temps de saisir le rebord de pierre de l'ouverture du puits et de se hisser à l'extérieur. La lampe à pétrole brillait encore. Sans un mot, il courut vers le fleuve et plongea pour rejoindre la berge à la nage... Il n'était pas suivi...

Déjà, le niveau de l'eau montait. La Compagnie était en train de remettre les choses en ordre. Au petit matin, l'île aurait rejoint le lit du fleuve et la navigation pourrait reprendre normalement.

Plus bas, bien plus en aval, le corps de Didier, vidé de son sang, finirait bien pas s'échouer quelque part...

Alain Pelosato
Espérance
Publiée dans le recueil
Le Chant de la Meuille
Editions Naturellement 2002

Les sept derniers jours de Bela Blasko...

7.
Bela avait mal au dos. Une horrible douleur qui lui sciait la colonne vertébrale. Nous étions en 1959 et Bela souffrait depuis de nombreuses et longues années. Tout son argent il le plaçait dans l'achat de morphine pour lutter contre la douleur. Mais aujourd'hui, il était pauvre. Très pauvre.

Il se souvenait de son enfance à Lugos, non loin de la demeure stupéfiante du comte Dracula. Souvent, le jeune garçon s'échappait la nuit de la demeure familiale et il rendait visite au vieux comte. Quels moments de bonheur et de subtile ambiance macabre qui régnait au milieu de la poussière à la lueur triste des bougies. Le visage de Vlad était vaguement éclairé par ces lueurs rougeoyantes et il racontait ses anciennes aventures, celles qu'il avait vécues il y a plusieurs siècles, et celles plus récentes qui l'avaient amené à Londres. Un écrivain irlandais avait raconté qu'il était mort. On ne tue pas ce qui est éternel !

« Tu es mon ami Bela ! Souviens-t'en ! Ne l'oublie jamais. Tu peux compter sur moi... » S'exclamait souvent le vieil homme.

Pourquoi cette amitié ?
Pourquoi ?
Qu'avait-il de spécial, lui, ce petit Hongrois de la frontière pour attirer l'amitié de ce seigneur roumain ? Jamais il ne l'avait su...

Le vieux Bela s'allongea sur son lit de souffrance. Il n'avait plus d'argent, donc plus de morphine...

Si seulement quelqu'un pouvait lui confier un rôle. Un petit rôle, il s'en contenterait. Il ne ferait plus le difficile, comme d'avoir refusé le rôle de Frankenstein. Et c'est cette grande brute de Boris Karloff qui l'a pris ! Et pourtant, la chance il l'avait eue, Bela, lorsque Tod Browning lui proposa le rôle de Dracula, car l'acteur fétiche du réalisateur, Lon Chaney était mort... Il avait vécu la gloire grâce à la mort de quelqu'un.

Aujourd'hui, un petit rôle lui suffirait, mais pas un rôle de vampire... Un rôle de méchant, en tout cas, car il ne pourrait pas s'en défaire...

Le sommeil eut raison de la douleur... À cause de l'épuisement.

6.

Le cauchemar s'incrustait, ne le lâchait pas. Dracula lui sciait le dos avec une grande scie circulaire. Le vieux Bela hurlait de douleur.

« Tu sais que tu pourras toujours compter sur moi ! » Criait Vlad l'Empaleur...

Puis, il lâcha la scie et brandit un marteau.

Toc ! Toc ! Toc ! Il frappait à grands coups sur la colonne vertébrale de Blasko.

La douleur était trop violente et il se réveilla...

Toc ! Toc ! Toc !

Bon dieu ! Le bruit du marteau ! Il continuait !

Blasko était paralysé par la douleur. Mais il se força à bouger et réussit à s'asseoir au bord du lit.

Toc ! Toc ! Toc !

Ce n'était pas le marteau, mais on frappait à la porte !

Il se leva péniblement et alla ouvrir.

Un petit mec avec une petite moustache lui souriait sur le pas de la porte. Un jeune mec. Avec un dentier pourtant. Ça crevait les yeux...

« Bela Lugosi ? » Interrogea-t-il...

« Ouais, qu'est-ce qu'y a ? » Réussit-il à articuler en surmontant sa douleur.

Soudain, le type se mit à genou devant l'acteur et lui baisa la main.

« Incroyable, je parle à Bela Lugosi... »

Croyez-moi, le vieil acteur tordu de douleur apprécia cet hommage...

Il tenta de relever le type, mais il ne pouvait rien faire à cause de la douleur. Le jeune se releva de lui-même.

« Puis-je entrer ?

— Qui êtes-vous d'abord ?

— Wood, je m'appelle Ed Wood, et je suis réalisateur...

— Réalisateur ? »

Ça faisait tellement longtemps que le vieil acteur n'avait pas rencontré de réalisateur...

« Et qu'est-ce que vous voulez ?

— Je viens vous proposer un rôle. Un rôle mon cher Bela. Un vrai rôle dans un vrai film...

— Dans ce cas, entrez cher monsieur... »

Il entra.

Ce jeune con était un nul. Il avait eu une idée de génie, celle de faire un film dont le titre aurait été « Dr Acula » (Ah ! Ah ! Ah !). Mais là, il préparait un film de science-fiction : « Plan Nine from outer space » ! Et il y avait un rôle pour Bela-Dracula...

Bela Lugosi s'en souvint rapidement. La mémoire revenait lentement à la surface de la conscience de l'acteur qui avait déjà joué dans un ou deux films de ce type. « Bride of the Atom » par exemple...

Formidable ! Une nouvelle vie pouvait recommencer et la morphine être achetée.

5.

Le tournage était très dur, les moyens nuls, le scénario indigent et le réalisateur plus que mauvais... L'acteur dut s'agiter dans une mare d'eau en faisant bouger de longs tentacules en caoutchouc pour tenter de faire vivre à l'image une pieuvre géante... Et son dos alors ? Mais la morphine soulage la douleur. Et Bela, en vrai professionnel tentait de sauver le film...

Mais son rêve le hantait : Dracula qui lui sciait le dos... Merde, quelle signification freudienne pouvait-il trouver à cela ?

4.

Dracula était assis au pied de son lit et lui parlait :

« Blasko, sale Hongrois...

— Américain ! Je suis Américain ! Et qu'est-ce que vous faites là, seigneur roumain ?

— Je suis venu te voir Blasko le Hongrois...

— Américain, bordel ! A-ME-RI-CAIN ! T'es sourd ou quoi ?

— Bon bon, si tu veux. Mais je ne te permets pas de me tutoyer...

— Alors, que voulez-vous seigneur ?

— Tu as bien joué mon rôle des années durant. Encore que je te préférais dans le rôle du faux vampire du film « La Marque du vampire » de Tod Browning.

— Ah ! Tod Browning, mon bienfaiteur...

— Aller ! Pas de sensiblerie. Mais je t'avais dit que tu pouvais toujours compter sur moi...

— Oui, mais je ne vous ai plus jamais revu.

— Et maintenant, là, tu ne me vois pas ? Bon ! Arrête de prendre de la morphine ! Ce n'est pas bon pour le sang !

— Pour le sang ?

— Bordel ! Pour le sang ! Tu ne sais pas ce que c'est que le sang ?

— Et alors ?

— Je compte sur toi, je suis vieux, j'ai toujours compté sur toi. Tu dois assurer la relève ! »

Une douleur intense réveilla brutalement le vieil acteur... Il avait déjà presque tout dépensé son avance. Il avait encore un peu de morphine. Il s'en injecta une dose et souffla de soulagement quand le produit fit son effet. Puis il but du whisky à longs traits et se rendormit.

Il n'avait pas vu la chauve-souris qui voletait péniblement dans sa chambre sordide...

Cette fois, il ne rêva pas.

« La relève ? Quelle relève ? »

Le sommeil lui apporta l'oubli.

3.

Wood junior ne voulait pas lui donner une avance. Blasko insista. Il fit valoir son excellent apport d'acteur dans ce film nul.

« Comment un film nul ? » S'emporta Wood Junior !

« Il n'y a que moi pour sauver ton film, connard ! que moi ! »

Bon, bon... Ne soyons pas vulgaire.

Ed Wood était nul, mais pas con. Le seul problème c'est qu'il n'avait pas beaucoup d'argent. Mais il tenait à son film. Donc il paya Blasko !

Hélas !

2.

Bela Lugosi vivait comme sur un nuage. Il ne sentait plus la douleur. Il jouait la comédie. Ed Wood était nul, mais lui était bon !

Un seul regret : Dracula ne venait plus le voir en rêve.

En rêve ?

1.

L'acteur avait mal au bras. La tête lui tournait. Il avait pris trop de morphine. Il avait trop bu d'alcool. Ce matin-là, il ne se leva pas.

Il ne se leva plus jamais...

Ce fut le jour de sa mort....

0.

Il y avait peu de monde à l'enterrement de Bela Blasko, dit Bela Lugosi, autrefois connu pour son rôle dans le « Dracula » de Tod Browning, acteur formidable qui avait été confiné dans des rôles de série B. Qui avait souffert l'enfer.

Pourtant, il aurait dû écouter Dracula.

À son enterrement, en dehors de Wood junior et de quelques acteurs, il y avait un homme de grande taille aux cheveux longs, de fière stature. Les yeux étaient cachés derrière des lunettes de soleil, et le visage à l'ombre d'un grand chapeau. Pourtant, le temps était gris, une fine pluie suintait sur les vêtements. Une ambiance sinistre.

Il s'approcha le dernier du cercueil et marmonna :

« Ah ! Bela... Bela ! Je t'avais dit de ne pas te gâcher le sang ! Sinon tu aurais eu la vie éternelle, la vie que tu avais toujours rêvé d'avoir, celle que vit le personnage dont tu n'avais su que jouer le rôle au cinéma. »

« Il y avait mieux à faire ! »

Givors, le 4 mai 1999

Index

30 jours de nuit....176

A la recherche de Dracula.................134

Abraham Lincoln chasseur de vampires
................186

*Addiction (The)*61, 154

Adler Gilbert.........152

Aguirre.................143

Ailes de la nuit (Les)
................158

Alfredson Thomas .179

Alien.....................128

Alien 3...................144

Alien le huitième passager.................196

Amante del vampiro (L').......................124

Anita Blake chasseuse de vampires...........108

Argento Dqrio.......190

Aux Frontières de l'aube ...146, 157, 163

Aux frontières de l'aube....................108

Badham John........143

Bahloul Abdelkrim 148

Baiser du vampire (Le)......................126

Baker Roy Ward ..133, 141

Bal des vampires (Le)
......................129, 153

Ball Alan...............193

Banke Ander ..95, 175, 177

Baron vampire....137

Batzella Luigi........138

Bava Mario..123, 125, 126, 127, 128

Being Human......198

Being Human, la confrérie de l'étrange 197

Bekmambetov Timur 172, 176, 186

Bell William Brent 174

Bérard Cyprien 75

Bierman Robert 147

Bigelow Kathryn ... 146

Bitten 180

Black Sleep (The) ... 50

Blacula 137

Blade 61, 160

Blade 2 .... 9, 164

Blade Runner 196

Blade Trinity 172

Blake Alfonso Corona 126

Blood the last vampire 161

Bloodrayne 175

Bloodrayne : the Third Reich 182

Bloodrayne 2 (Deliverance) 179

Bloody Mallory ... 164

Boll Uwe 175, 179, 182

Borowczyk Walerian 141

Breed (The) 162

Brooks Mel 153

Browning Tod 118, 119, 120

Buffy contre les vampires 198

Buffy tueuse de vampires 147

Bunuel Juan 140

Burton Tim 189

Bustillo Alexandre 184

Cabinet du docteur Caligari (Le) 225

Cabinet du Docteur Caligari (Le) 191

Calice de Jade (Le) 147

Capitaine Kronos contre les vampires 136

Cardone JS 163

Carmilla 105, 106

Carpenter John 144, 155

Cauchemar de Dracula (Le).53, 123, 127, 153, 203, 204

Chair du diable (La) 204, 205

Chan-Wook Park...180

Chapeau melon et bottes de cuir 136

Chapkanov Todor..185

Charlots contre Dracula (Les) 144

Charmed 104

Chat noir (Le) 202

Chevaliers du démon (Les) 205

Chien des Baskerville (Le) 203, 205

Chose d'un autre monde (La) 128, 184

Chose d'un autre monde (La) 122

Cicatrices de Dracula (Les) 133, 204

Cinquième élément (Le) 160

Cirque des vampires (Le) 136

Clemens Brian 136

Cohen Larry 146

Commando des morts-vivants (Le) 205

Compagnie des loups (La) 152

Comtesse Dracula 109, 132

Comtesse noire (La) 108

Condon Bill 182

Contes de la crypte (ou d'outre-tombe) (Les) 195

Contes immoraux ... 58, 141

Coppola Francis Ford 148, 187

Corbeau (Le) 202

Corps et le fouet (Le) 204

Crain William 137

Crâne maléfique (Le) 205

Craven Wes 154

Cronenberg David 141

Cronos 151

Cursed 109

Curtis Dan 138

Cushing Peter 204

D'Amato Joe 138

Daleks envahissent la Terre (Les) 205

Dans les griffes du vampire 124

Dark Shadows 189

Day Watch 176

Daybreakers 181

De Ossorio Armando 135

Del Toro Guillermo 151, 164

Denis Claire 161

Dépravé (Le) 168

Desagnat Pierre 144

Deux nigauds contre Frankenstein 203

Deux orphelines vampires (Les) 109, 155

Deux visages du Dr Jekyll (Les) 203

Devil Bat 50

Donner Clive 139

Double assassinat dans la rue Morgue . 51, 202

Douzième heure (La) 209

Dr Jekyll et Mr Hyde 50, 208

Dracula 11, 49, 53, 55, 60, 105, 109, 119, 143, 148, 153, 162, 198, 202

Dracula 2 ascension 172

Dracula 2001 161

Dracula 3D 190

Dracula 73 .... 127, 137

Dracula AD 1972 . 137

Dracula et les femmes ....

Dracula et les Femmes 127

Dracula et ses femmes vampires 109, 138, 140

Dracula III 163

Dracula mort et heureux de l'être .153

Dracula père et fils 139, 142, 204

Dracula prince des ténèbres 127, 204

Dracula prisonnier de Frankenstein...136

Dracula Untold 191

Dracula vit toujours à Londres 138, 205

Dragoti Dan 142

Dreyer Carl Th.......119

Du sang pour Dracula 59

Ducasse 79

Dumas Alexandre...78, 79

Dylan Dog 188

Échiquier du mal (L') 13

Ed Wood 50, 125

Edel Ulrich.............161

Embrasse-moi vampire 147

Enfants de Salem (Les) 146

Entretien avec un vampire. 105, 151, 156

Et mourir de plaisir 58, 106, 125

Fantôme de l'Opéra (Le) 49

Fantômes contre fantômes 169

Faust 208

Féline (La) 110

Ferrara Abel 154

Feuillade Louis.....117

Fiancée de Dracula (La)......................164

Fiancée du vampire (La)......................132

Fille de Dracula (La) 120, 134

Fils de Frankenstein (Le) 202

Fils des ténèbres (Les) 13

Fisher Terence 127

Forteresse noire (La) 145

Foyd Calin 134

Francis Freddie 130

Franco Jess ... 130, 132

Frankenstein créa la femme 205

Frankenstein et le monstre de l'enfer . 205

Frankenstein rencontre le loup-garou 203

Frankenstein s'est échappé ! 203, 204

Freaks 50

Freda Riccardo 123

Fright Night 183

Frisson 101

Frisson des vampires (Le) 131

Gautier Théophile ... 76

Geissendorfer Hans W. 131

Génération perdue 146

Gillespie Craig 183

Ginger Snaps 109

Glazer Harver 180

Gonzales 158

Gordon Stuart 147

Goyer David 172

Graine de violence .. 56

Griffes de la nuit (Les) 170

Grünstein Pierre ... 140

Guerre des étoiles (La) 204, 205

Gutierrez Sebastien 178

Haddon Cole 198

Halloween 156

Hardy Roger 142

Hercule contre les vampires 126, 128, 204

Hidden 144

Hirschbiegel Oliver 96

Histoires de fantômes chinois 62

Histoires d'outre-tombe 205

Holland Tom 146

Homme qui trompait la mort (L') 203

Hooper Tobe .145, 146

Horreur à Red Hook 11

Hossein Robert......128

Hough John...........134

Hurler de peur 204

Hypnotic................169

Île du docteur Moreau (L')........................202

Impasse aux violences (L')........................204

Innocent Blood.......59, 107, 150

Insomnie................128

Januskopf (Der) 50, 208

Je suis une légende 128, 135, 177

Jonathan le dernier combat contre les vampires..........59, 131

Jordan Neil.............151

Journal intime d'un vampire 153

Kelljjan Bob 137

Kindred le clan des maudits.................196

King Kong................ 51

Kitakubo Hiroyuki 161

Krantz Tony 198

Kumel Harry......... 131

Kuzui Fran Rubel . 147

La Loba.................. 109

La Lupa Mannara. 109

Ladyhawk.............. 110

Landis John 150

Laroche-Joubert Martine 152

Lautréamont............ 79

Lawrence Francis. 177

Le Rouge Gustave .. 82

Le Vampire de ces dames 142

Lee Christopher .. 203

Légende des ténèbres (La) 60, 147

Légende du loup-garou (La) 205

Leonor................... 140

Lèvres rouges (Les) 58, 107, 131

Lifeforce............... 145

Ligue des gentlemen extraordinaires (La) 108

Ligue des Gentlemen Extraordinaires (La) 165

Livide 184

Logan John 199

Londres après Minuit 118

Loup-garou (Le)....202

Lugosi Bela 201

Lussier 161

Lussier Patrick 163

Lussier Patricke.....172

Ma femme est une sorcière 104

Ma sorcière bien aimée 104

Magnat Julien 164

Mains d'Orlac. (Les) 204

Maison de Dracula (La) 121

Maison de Frankenstein (La) 121

Maison de la sorcière (La) 191

Maîtresses de Dracula (Les) 53, 125, 127, 205

Malédiction des pharaons (La) 203, 205

Malpertuis............... 58

Manera Franco..... 132

Manitou 170

Mann Farhad........ 147

Mann Michael....... 145

Manoir du diable (Le) 48, 117

Marlind................. 187

Marque du vampire (La) . 52, 106, 120, 201

Martin.................. 142

Mascheria del demonio (La) 243, 248

Masque du démon (Le) 54, 101, 102, 107, 125, 162, 242, 248

Massaccesi Aristide 138

Matheson Richard 177

Maupassant Guy de 81

Maury Julien 184

Mehrige Elias 160, 209

Melford George 119

Méliès Georges 117

Mérimée Prosper 80

Messe pour Dracula (Une) 127, 130

Moby Dick 203

Molinaro Edouard 142

Monstrueuse parade (La) 50

Montagnes hallucinées (Les) 10

Moonlight 197

Morrissey Paul 140

Morse 179

Morte amoureuse(La) 105

Morte-vivante (La) 131

Munroe Kevin 188

Murnau Friedrich Wilhelm 117

Nadja 153

Nicolaou Ted 153

Night Watch 172

Ninotchka 202

Norrington Stephen 160, 165

Nosferatu 9, 10, 11, 49, 51, 117, 150, 153, 160, 173, 202, 208, 227

Nosferatu fantôme de la nuit 143

Nosferatu le vampire 191

Nosferatu, eine Symphonie des Grauens 210

Nosferatu, Phantom der Nacht 224

Nuit des morts-vivants (La) 61, 177

Nuit des vampires (La) 158

Nuit en enfer (Une) 155

Nuit en enfer 2 (Une) : le prix du sang 158

Nyby Christian 122

Oblowitz Michael .. 162

Oes Ingvald C. 117

Ombre du vampire (L') 160

Pages arrachées au livre de Satan 225

Pandora 148

Passion de Jeanne d'Arc (La) 225

Pavia Mark 158

Penny Dreadful ... 199

Petit vampire (Le) 161

Phantom 208

Plan 9 from outer space 50, 201

Plan 9 from outer Space 124

Planète des vampires (La) 128

Plec Julie 194

Polanski Roman 129

Polselli Renato 124

Poltergeist 170

Portier de nuit 59

Prédateurs (Les) 58, 107, 145, 196

Price Vincent 177

Priest 184

Projet Blair Witch (Le) 103

Quatre mouches de velours gris 242

Quinn Francesco .. 165

Rage 60, 108, 141

Ragona 177

Ragona U. 128

Ray Jean 84

Rayon invisible (Le) 202

Razor Blade smile 160

Récupérateur de cadavres (Le) 203

Règlement de comptes à O.K. corral 155

Reine des damnés (La) 109, 163

Reine des vampires (La) 152

Reinl Harald 129

Rendez-vous avec la peur 157

Requiem pour un vampire 135

Retour de Frankenstein (Le)........................205

Retour du Docteur X (Le) 121

Retour du vampire (Le)...................50, 203

Revanche de Frankenstein (La)..204

Révolte des morts-vivants (La)..........135

Rice Anne 178

Rio Bravo 155

Rise (Blood Hunter) 178

Rodriguez Robert ..155

Rollin Jean ...131, 135, 155, 164

Rosny Ainé J.H. 85

Route de Dracula (La) 152

Rue (La) 11

Rymer Mychael 163

Sagal Boris....135, 177

Salkow 177

Salkow S. 128

Sang du vampire (Le) 123

Sang pour Dracula (Du) 140

Sato Shimako 150

Schumacher Jœl.... 146

Scott Tony 145

Scott Tony et Ridley 196

Scream, Blacula, Scream 137

Seignolle Claude..... 86

Sept mercenaires (Les) 141

Sept samouraïs (Les) 141

Sept vampires d'or (Les) 141

*Septième sceau(Le)*103

Sévices de Dracula 134

Sewell Vernon 129

She creature.......... 110

Sherman Vincent... 121

Shining.................. 150

Shore Gary............ 191

Silence des agneaux (Le) 62

Siodmak Robert 121

Slade David ... 176, 182

Soif de sang 142

Solvay Paolo 138

Sommers Stephen .. 170

Son of Dracula 121

Sorcellerie à travers les âges (La) (Häxen) 100

Sorcière sanglante (La) 101

Sorcières d'Eastwick (Les) 104

Spiegel Scott 158

Spierig Peter & Michael 181

Stay Alive 174

Stefano Vanzina Steno 123

Stein 187

Stewart Scott 184

Superman contre les femmes vampires. 126

Survivant (Le) 135, 177

Suspiria 102

Tale of a vampire 150

Tale of Vampires ... 95, 175, 177

Tatopoulos Patrick 181

Temps sont durs (Les) 139

Temps sont durs pour les vampires (Les) 204

Temps sont durs pour les vampires (Les)- 123

Tendre Dracula (La Grande trouille) .. 140

The Addiction 107

The Undead 103

T*he Vampire Lovers* 107

Thing (The) 122, 128, 144

Thing The 145, 184

Thirst, ceci est mon sang 180

Tombe de Ligeia (La) 104

Train des épouvantes (Le)........................205

Train sifflera trois fois (Le) 155

Traité sur les apparitions des esprits et sur les vampires ..12

Trois visages de la peur (Les).............127

Trouble Every Day 161

True Blood 193

Twilight – chapitre 1 fascination............180

Twilight chapitre 2 : tentation 181

Twilight chapitre 3 hésitation..............182

Twilight chapitre 4 Revelation 1ère partie 182

Twilight chapitre 5 Revelation 2ème partie 182

Twin Peaks 157

Twixt.....................187

Underworld.. 105, 108, 168

Underworld : Nouvelle ère.........187

Underworld 2 evolution............... 173

Underworld 3 Rise of the Lycans............ 181

Underworld evolution 108

Vamp.................... 146

Vampire (The) 48, 117

Vampire à Brooklyn (Un) 154

Vampire a soif (Le) 129

Vampire au paradis (Un) 148

Vampire Dancer (The)..................... 117

Vampire de Düsseldorf............ 128

Vampire Diaries (The)..................... 194

Vampire et le sang des vierges (Le) ... 129

Vampire Lovers...... 58

Vampire lovers (The) 133

Vampire nue (La) 131

Vampire vous avez dit vampire ? 61, 146

Vampire vous avez dit vampire ? 2 146

Vampire's Trail (The) 117

Vampires .. 57, 61, 109, 155, 163

Vampires (Les) 48, 117, 123

Vampires de Salem (Les) 61, 146

Vampires du désert (Les) 163

Vampires II 158

Vampyr 51, 56, 58, 61, 106, 119, 132, 153, 225, 228, 240

Vampyr, Der Traum un Allan Grey 229

Vampyre Nation .. 185

Vampyros Lesbos . 108, 132

Van Heijningen Jr Matthijs 145, 184

Van Helsing .. 105, 170

Vierge de Nuremberg (La) 204

Vierges de la pleine lune (Les) 138

Vierges de Satan (Les) 204

Vignola Robert G. .. 117

Viol du vampire (Le) 129

Vlad 165

Voyeur (Le) 242

Wallace Tommy Lee 146, 158

Weitz Chris 181

Wenk Richard 146

West Jake 160

White Zombie 202

Williamson Kevin . 194

Willing Nick 169

Wiseman Len 168, 173

Wishmaster 169

Wood Jr Ed. D. 124

Young Robert 136

Table des matières

THE STRAIN 5

LES PERSONNAGES 8

LES VAMPIRES : LES « STRIGOÏ » 9

LES ÉPISODES 17

DRACULA ET LES VAMPIRES 39

DRACULA 63
Portrait des principaux protagonistes du roman 63

VAMPIRES FRANÇAIS 75

LES NOUVEAUX VAMPIRES DE LA SF 89
Littérature et BD 89
Les vampires de la SF au cinéma 92
Les vampires psychiques, vrais vampires SF ? 95
La « bit lit » 96

MONSTRES AU FÉMININ 99
fascination et horreur 99

Ou l'attrait de la nature maléfique.. 99

La sorcière..100

La femme vampire..105

Les femmes loup-garou 109

D'autres monstres...110

LA SCIENCE ENGENDRE LES MONSTRES 113

CHRONIQUES DES FILMS...................................... 117

SURVOL DE QUELQUES AUTRES SÉRIES TÉLÉ 193

Vampires et Bit lit…...193

LES TROIS COMÉDIENS LES PLUS VAMPIRIQUES 201

TROIS GRANDS FILMS VAMPIRIQUES............. 207

Nosferatu 208

Vampyr 225

Le Masque du démon 242

DEUX NOUVELLES VAMPIRIQUES 249

Espérance 250

Les sept derniers jours de Bela Blasko... 271

INDEX..278

TABLE DES MATIERES 293

www.ingramcontent.com/pod-product-compliance
Lightning Source LLC
Chambersburg PA
CBHW050159230526
45470CB00001B/154